インプレス R&D [NextPublishing]

New Thinking and New Ways
E-Book / Print Book

これでいいのか!
2018年著作権法改正

城所 岩生 | 編　中山 信弘 ほか | 著

 ほど遠い「日本版フェアユース」確立への道

JN196556

はじめに

■改正著作権法に対する議論と評価

2018年5月、改正著作権法が成立し、2019年1月から施行された。教育・アーカイブに関する権利制限など、注目すべき改正が多数盛り込まれたが、最も注目されるのは、いわゆる「柔軟な権利制限規定」の整備である。イノベーションの創出を促進するため、AIやIoTなどのIT（情報通信技術）などの進展に伴い、将来新たな著作物の利用方法が生まれた場合にも柔軟に対応できるように規定が整備された。

日本版フェアユース規定の必要性が議論され始めてから、実に10年を超える歳月を要した成果ともいえる。

国際大学GLOCOMでは、2018年8月に国会議員、著作権法の研究者・実務家を招き、「柔軟な権利制限規定」の意義と解釈、今後の課題などについて議論した。シンポジウムは募集開始後、すぐに満席となり、YouTubeでの動画配信もかつてないアクセス数を記録するなど好評を博した。

本書は、このシンポジウムの模様をまとめたものだが、書籍化にあたり、発表者に必要な加筆修正を加えてもらった。

各執筆者間では、2012年の改正で期待外れに終わった日本版フェアユースの実現に向けて一歩近づいた点は評価しつつも、改正の主目的であるイノベーション促進の観点からは課題の残る改正に終わった点で見解の一致をみた。

著作権法はこれまでも大改正のたびに解説本が出版されてきた。実務家（弁護士）によるものが多いが、改正案作成に携わった文化庁著作権課の担当者が執筆したものもある。しかし、改正案を審議した国会議員が自民党内および国会での審議模様、国会での審議に備えた文化庁とのやりとりまで紹介したのは本書が初めてである。

今回の改正に続き、2019年にも海賊版対策の著作権法改正が予定されている。本書が改正に携わる国会議員をはじめとした政官界、今回の改正法をビジネスに生かそうとする産業界の方々、そして、SNSを通じてコンテンツを発信するクリエイター、ネットユーザーなど、関係者の参考になれば幸いである。

■本書の構成とその概要

第1章では、まず自民党知的財産戦略調査会コンテンツ小委員会の事務局長を務める阿達雅志氏が、文化庁案では知財の活用やイノベーションが十分進まないという認識から文化庁と折衝。その資料なども紹介しつつ、今後の法解釈の指針となる国会答弁などを引き出した旨報告した。

続いて、三宅伸吾氏が自民党内での議論の模様を紹介。今回は最終的にフェアユース派がマイノリティになってしまったが、周回遅れの日本の著作権法に危機感をもつ同氏は「数は力である」点を強調しつつ協力を呼びかけた。

第2章は、知的財産法の権威で、産業構造審議会知的財産政策部会長、文化審議会委員など

を歴任した中山信弘氏による基調講演。中山氏は柔軟な規定導入により必要性が高まるガイドラインについても、これまで種々のガイドライン策定に関与した経験も踏まえて発言した。

　第3章は、文化審議会著作権分科会・法制・基本問題小委員会委員として今回の改正案にも参画した上野達弘氏が、今回の柔軟な権利制限規定について解説した。上野氏は2012年の法改正のきっかけを作った日本版フェアユースの最初の提唱者でもある。

　第4章では、島並良氏が、今回の改正で3つの柔軟な権利制限規定が新設されたが、そもそも法規範の柔軟性とは何かについてまず分析。それを踏まえて、改正法の法実務・立法・知財法学の3方面への影響を探った。

　第5章では、椙山敬士氏が、日本法は権利（侵害）と権利制限の二分法を採用していると一般に理解されているが、実際には（アメリカのフェアユースのように）日本でも両者の間に条理・常識に委ねられたバッファが存在しているといえる、とする。ただ、この点を明確にするために、フェアユースのような一般規定を設けるべきであると述べる。

　第6章では、まず潮海久雄氏が、個別制限規定にない行為につき、企業、市民、媒介者をすべて原則侵害としている現行著作権法とのバランスを取り、かつ、ネットやAIなどの技術発達や市場拡大のため、アメリカ型のフェアユース規定を創設すべきと主張する。

　続いて、谷川和幸氏が今回の改正は最初からフェアかどうかを判定するフェアユースよりも、まず利用目的で絞ったうえでフェアかどうかを判断するフェアディーリング規定に近いと指摘。2段階方式のこの規定を採用するイギリス、カナダの議論を参照していく必要性を訴えた。

　第7章では、石新智規氏がパネルディスカッションの模様を踏まえてシンポジウムを総括。各パネリストの発表や質疑応答に対する回答、国会審議における平野博文議員（平成24年改正時の文部科学大臣）の質問などから一般的権利制限規定の検討が再浮上する可能性を示唆する。

　付録では、城所が改正法の柔軟な規定によって可能となるサービスは、フェアユース規定をバックにいち早くサービスを開始した米企業に日本市場まで制圧されてしまったサービスであると指摘。こうした後追いの法改正でAI・IoT時代に対応できるかを疑問視する。

　なお、章の構成はシンポジウム当日の登壇順に来賓あいさつの第1章の後、基調講演の第2章が続くが、まず現在の著作権法を取り巻く全体像を把握したい読者には、最初に第2章をお読みいただき、その後、第1章から読み進めることをお勧めする。

2019年3月

国際大学グローバル・コミュニケーション・センター所長　前川 徹

同客員教授　城所 岩生

目次

はじめに ……………………………………………………………………………… 3

第1章　改正法をめぐる文化庁との折衝、自民党内での議論 ……………… 7
1.1　文化庁との折衝（阿達雅志）………………………………………… 7
1.2　自民党内での議論（三宅伸吾）……………………………………… 17

第2章　平成30年著作権法改正──「柔軟な権利制限規定」の意義と今後の課題（中山信弘）20
2.1　20世紀の著作権法と21世紀の著作権法 …………………………… 20
2.2　個別権利制限規定の限界 ……………………………………………… 21
2.3　今回の改正 ……………………………………………………………… 21
2.4　望まれる企業の対応 …………………………………………………… 22

第3章　改正法における「柔軟な権利制限規定」の意義と課題（上野達弘）………… 24
3.1　柔軟な権利制限規定とは ……………………………………………… 24
3.2　柔軟性が高い権利制限規定（第一層）……………………………… 24
3.3　表現非享受（第一層①）……………………………………………… 26
3.4　電子計算機における付随利用（第一層②）………………………… 27
3.5　相当程度柔軟性がある権利制限規定（第二層）…………………… 28
3.6　公益的政策実現のための行為類型（第三層）……………………… 30
3.7　改正の意義 ……………………………………………………………… 30
3.8　「権利保護」と「利用促進」のバランスを図る新たな試み ……… 31

第4章　著作権法の行く手──平成30年改正が描く未来像（島並良）……… 33
4.1　法規範の柔軟性とは──2つの視点 ………………………………… 33
4.2　法実務への影響 ………………………………………………………… 35
4.3　立法への影響 …………………………………………………………… 37
4.4　知財法学への影響 ……………………………………………………… 38
4.5　おわりに ………………………………………………………………… 41

第5章　著作権法のバッファ（椙山敬士）………………………………………… 43
5.1　権利／権利制限の関係（二分論と三分論）………………………… 43
5.2　はるかに重要な価値 …………………………………………………… 44
5.3　日本法の場合──バッファ …………………………………………… 46

5.4　2018年改正の功罪……………………………………………………………48

第6章　英米法との比較…………………………………………………………………51
　6.1　アメリカのフェアユースとの比較、市場の観点から（潮海久雄）…………51
　6.2　イギリス、カナダのフェアディーリングとの比較（谷川和幸）……………59

第7章　パネルディスカッションを終えて（石新智規）……………………………63
　7.1　はじめに…………………………………………………………………………63
　7.2　改正著作権法30条の4の柔軟な解釈——楽曲利用の事例……………………63
　7.3　改正法47条の5の柔軟な解釈——書籍検索サービスの事例…………………65
　7.4　柔軟な制限規定の積極的な運用と不断の検証…………………………………66
　7.5　質疑応答…………………………………………………………………………66

付録　改正著作権法はAI・IoT時代に対応できるのか？（城所岩生）……………71
　A.1　はじめに…………………………………………………………………………71
　A.2　米国の新技術・新サービス関連判決……………………………………………72
　A.3　改正著作権法の柔軟な権利制限規定……………………………………………73
　A.4　10年先取りするどころか10年後追いする法改正でAI・IoT時代に対応できるのか？……83
　A.5　政府立法の限界…………………………………………………………………86
　A.6　議員立法への期待………………………………………………………………88
　A.7　結びに代えて——日本版フェアユースの再提案………………………………93

著者一覧（執筆順）………………………………………………………………………96

編著者紹介…………………………………………………………………………………99

第1章　改正法をめぐる文化庁との折衝、自民党内での議論

1.1　文化庁との折衝（阿達雅志）

1.1.1　柔軟な権利制限規定の背景および争点

　私は三宅伸吾先生とともに、自民党の中で約2年間にわたって、柔軟な権利制限規定の立法に取り組んできました。私と三宅先生は、どちらかというと、柔軟な権利制限規定をできる限り認めるべきだという立場で議論を進めてきました。

　今回の著作権法改正については、相当不満もあり、十分に議論しきれなかった部分が残ったなという感を正直もっています。私がこの柔軟な権利制限規定について議論をするにあたって、まず議論してきたのは、著作物の使用をできる限り促進する、イノベーションのための使用をなるべく認めたうえで適正な収益の配分をすればいい、というところです。それにもとづくと、現行の著作権法は、すべて個別に事前の許諾が必要という、あまりにも時代に合っていないものです。日本では、権利制限規定を個別に認めているだけであって、現在のデジタル時代、とりわけマスの時代、さまざまな著作物を使う時代において、毎回事前に許諾を取って初めて使用できるというのは役に立たないのではないだろうか、と思うのです。

　それに加えて、現行の著作権法は、あまりにもわかりにくい。現行の著作権法を一般の方に理解しろというのは、とうてい無理です。ただでさえ、個別の権利制限規定がずらりとあるなかで、さらに個別の権利制限規定を加えるのがはたして適切であるのか、という点を長期にわたって議論してきました。

　今回の柔軟な権利制限規定のところでは、第30条の4（著作物に表現された思想又は感情の享受を目的としない利用）、第47条の5（新たな知見・情報を創出する電子計算機による情報処理の結果提供に付随する軽微利用等）の2点が大きな争点になりました[1]。

　私は文化庁と長期間議論をしてきましたが、なかなかかみ合いませんでした。彼らのいう内容が非常に理解しにくかったのが実態です。たとえば、「著作物の享受のために利用する」といわれて、一般の方々が、いったい"享受"とは何かわかるでしょうか。文化庁の方は「"鑑賞"と"認識"と"享受"はそれぞれ違う」と平然と語られ、一般の方々も当然知っていることだといわれました。それは「当然」なのでしょうか。私にはわからなかったので、ずっとこだわりました。そのあげく、いろいろと議論していますと、事業者が翻訳ソフトを使って翻訳サービスを提供する点は認めるということでした。なぜ翻訳サービスは許されて、自炊サービスは

---

[1] 2つの条文の骨子は、第30条の4については後掲の図1.1に続く「■補足」を、第47条の5については後掲の図1.2に続く「■補足」を参照。

許されないのでしょうか。また、自炊サービスで、利用者が自分でパソコンに保存した場合はどうなのか。この点についても、また議論はかみ合いませんでした[2]。

　柔軟な権利制限規定についての議論のなかで、所在検索サービスと情報解析サービスについては認めるとなりましたが、その第3号のなかに"政令指定のサービス"という言葉が出てきます。この政令指定のサービスとは何かを議論すると、これまた話がかみ合わないのです。そこで私たちは、サービスをその都度、政令で指定するくらいならば、むしろもっと柔軟な要件を指定すれば済むのではないかと訴えましたが、結局最後はここの部分は押し切られました。

　ただ議論のなかで、当初は「政令で指定するものは具体的なサービスにする」と述べられていましたが、最終的には「ある程度包括的、抽象的な書き方にし、政令指定は可及的すみやかに行う」と変わってきました。だから文化庁の方も解釈の面でだいぶ折れてきたところはあります[3]。三宅先生が「このままでは法律を通さない」と、ガンガンいってくれたこともありますが…。

　ですが、全体を総括してみたとき、法律の文言だけで、解釈するのは非常に難しい。この点はまだ課題として残ってしまっていると感じています。

1.1.2　国会での議論

　今回、自民党内の法律審査の最後の段階で、私たちが述べたのは、国会の質疑応答でこの内容（後述の「1.1.3　文化庁とのやりとり」を参照）をしっかり確認させてほしい、そして法律の文言に関する国会での質疑応答内容をしっかり文化庁は尊重してほしいということです。私と三宅先生は、委員会の関係で自ら質問に立つことはできなかったので、参議院では自民党の小野田紀美先生、公明党の佐々木さやか先生には相当細かく「このような点を確認してほしい」と依頼し、質問していただきました。ですから、そこでの国会の答弁を法解釈の1つの参考にしていただきたいと考えています。ただ、文化庁の答弁も、ぶれていました。軽微性の判断について、小野田先生のときには、辞書の例で重要な部分、質の問題についても外形的な要素として制限すると答弁され、直後の佐々木先生のときには、柱書きの不当に害するかどうかで判断すると訂正されました[4]。

　ガイドライン策定は、国会の答弁が前提となりますので、できあがったガイドラインが国会審議と異なる場合、私たちは自民党内でもしっかり声をあげていかなければいけないと思っています。簡単ではございますが、私たちが立法側でどのようなことをやっていたかを紹介させていただきました。引き続きしっかりと取り組んでまいりますので、皆様方からも忌憚のないご意見をいただきたいと思います。

---

2. 第30条の4についての阿達議員の質問および文化庁の回答は後掲の図1.1を参照。
3. 第47条の5第1項第3号についての阿達議員の質問および文化庁の回答は、後掲の図1.2を参照。以下、阿達議員の説明を補足すると、議論のなかで文化庁は、当初は具体的なサービスを政令指定するとしていたようだが、図1.2の（答）「記2」によると適切に抽象化を図り、「記3」「記4」で可及的速やかに制定するとしている。
4. 両議員の質問および政府委員の回答については、196回国会参議院文教科学委員会会議録第9号（2018年5月17日）を参照（http://kokkai.ndl.go.jp/SENTAKU/sangiin/196/0061/19605170061009.pdf）。また、本書出版にあたり、両議員からいただいたコメントについては「コラム　国会での質疑を終えて」を参照。

|||||||||||||||||||||||||||||||||||||||||||||||||||||||||||||||||||||||||||||||||||||||||||||||||||||||

コラム　国会での質疑を終えて

小野田紀美議員

　まず、「軽微利用」について、権利者に及ぼしうる「不利益が軽微」かどうかを考慮するべきと考えました。また、「享受を目的としない利用」とは、「主たる目的が享受の他にある場合」はその対象になることを徹底したかったが、文化庁の答弁において、自身の質疑と、次の佐々木先生の質疑に、答弁内容の食い違いがあるなど、法案の趣旨に沿った運用を統一の見解の元にできるのかという懸念も残りました。限られた時間のなか、確実な言質を得ることができず悔しい思いですが、今回の改正の趣旨に賛同する者として、法改正がきちんと意味をなすように、イノベーション促進を阻害しない活用や、著作権者にお金が入るしくみが徹底されるよう、引き続き働きかけてまいります。

佐々木さやか議員

　質疑では、30条の4の享受する目的について、47条の5「軽微利用」の判断基準、同条1項3号の政令指定について質問しました。特に30条の4については、美術品の複製の場合を具体例にあげて、どこまでが享受の目的に該当するのかを問いましたので、ご参考になればと思います。文化庁は享受の目的の有無は二者択一的で、少しでも享受の目的があれば同条に当たらないかのように捉えていると感じましたが、双方の目的が混在する場合も現実には考えられ、裁判では主たる目的がどこにあるのかで判断されるのではないかと思います。今回の改正は一定の意義はあるものの、イノベーションの観点からは課題の多いものとなっています。引き続き、あるべき権利制限について考えていきたいと思います。

|||||||||||||||||||||||||||||||||||||||||||||||||||||||||||||||||||||||||||||||||||||||||||||||||||||||

1.1.3　文化庁とのやりとり

　国会質疑の内容を事前に文化庁と調整をし、答弁用として文化庁がまとめた資料です。未公開の内容も含みますが、改正法の解釈のうえで、貴重な参考資料となりますので、この場を借りて次にご紹介させていただきます（図1.1～図1.11を参照）。なお、以下、図内の「問」は阿達議員の質問、「答」は文化庁からの回答、図に続く「■補足」は編者の補足説明です。

図1.1　新第30条の4について

■補足（図1.1に関して）

1. 新第30条の4については第3章で全文を紹介しているが、長文なので、文化庁ホームページで紹介している「条文の骨子」を以下に引用する。

著作物に表現された思想又は感情の享受を目的としない利用（第30条の4）
【条文の骨子】
　著作物は、次に掲げる場合その他の当該著作物に表現された思想又は感情を自ら享受し又は他人に享受させることを目的としない場合には、その必要と認められる限度において、いずれの方法によるかを問わず、利用することができる。ただし、著作権者の利益を不当に害する場合はこの限りでない。
① 　著作物利用に係る技術開発・実用化の試験
② 　情報解析
③ 　①②のほか、人の知覚による認識を伴わない利用

2．楽器の開発のために曲を演奏する行為が、「享受」を目的とした利用にあたるかとの「問」に対し、開発中の楽器の機能・性能を確認する目的なので、「著作物に表現された思想または感情」の「享受」を目的とした利用には当たらないと回答している。

図1.2　新第47条の5について

■補足（図1.2に関して）
1．新第47条の5についても第3章で全文を紹介しているが、長文なので、文化庁ホームページで紹介している「条文の骨子」を以下に引用する。

新たな知見・情報を創出する電子計算機による情報処理の結果提供に付随する軽微利用等（第

47条の5）

【条文の骨子】
　著作物は、電子計算機を用いた情報処理により新たな知見又は情報を創出する次に掲げる行為を行う者（政令で定める基準に従う者に限る。）は、必要と認められる限度において、当該情報処理の結果の提供に付随して、いずれの方法によるかを問わず、軽微な利用を行うことができる。

　ただし、著作権者の利益を不当に害する場合はこの限りでない。

① 　所在検索サービス（＝求める情報を特定するための情報や、その所在に関する情報を検索する行為）
② 　情報解析サービス（＝大量の情報を構成する要素を抽出し解析する行為）
③ 　①②のほか、電子計算機による情報処理により新たな知見・情報を創出する行為であって国民生活の利便性向上に寄与するものとして政令で定めるもの

2. 3号の政令については、後記、図1.11を参照。

3. 本問の答の後に「ロッカー型クラウドサービス・翻訳サービス・自炊代行サービスとの関係について」と題する図が続くが、この図は文化庁のホームページには見当たらず、紙の資料の写真印刷では画質が落ちるため、割愛する。ただ、図の冒頭に「○これらのサービスについて、文化審議会における議論や判例等を踏まえれば、以下のように考えられる。（詳細は別添参照）」とあり、「別紙」が添付されているので、その別紙のみを紹介する（図1.3を参照）。

> 別紙
>
> 翻訳サービス及び自炊代行サービスについて
>
> 1．外国人観光客が、その所有する観光ガイドの文章や観光地に掲示されている看板等の文章について、翻訳システムをクラウドを通じて利用することができるスマホのアプリを使って翻訳する場合、翻訳の対象となる観光ガイドや看板等の文章に係る著作権との関係が問題となる。
>
> 2．個別事案に関する法の適用関係については最終的には司法判断となるが、翻訳の対象となる著作物は利用者が用意しており、かつ翻訳アプリは利用者に供されている道具と評価できることを踏まえれば、文化審議会における議論（※1）を前提とすると、基本的には、当該サービスにおける著作物利用行為の主体は当該外国人観光客であり30条の適用があると整理できるものと考えられる。なお、実際、当該サービスを実施している事業者によれば、事業者は当該サービスを適法との認識で行っており、特段紛争も生じていないとのことである。
>
> （※1）「クラウドサービス等と著作権に関する報告書」（平成27年2月　文化審議会著作権分科会著作物等の適切な保護と利用・流通に関する小委員会）
> 同報告書では、ロッカー型クラウドサービス（Googleドライブなどのファイルを蔵置しておくためのサービス）について、①クラウドサービスにおいて事業者が利用行為主体と認められるためにはコンテンツを事業者が提供していることが必要となるが、当該サービスはこれを満たさない、②クラウドサービスは普及して当たり前の技術になっており普通の道具としてみるべき、といった旨の意見等があったことを踏まえ、当該サービスの利用行為主体はサービスの利用者であり、私的使用目的の複製（第30条第1項）であるとして整理することができるとされた。
>
> 3．なお、自炊代行サービスについては、事業者を複製の主体と認め、第30条の適用を否定した裁判例がある（※2）。しかし、当該事案では、裁断した書籍をスキャナで読み込んで電子ファイル化する行為を専ら事業者のみが業務として行っており利用者はこれに全く関与していなかったこと等を勘案し、利用主体を事業者と評価しているところ、翻訳サービスにおいては、利用者がスマホを操作して翻訳対象物のデータをクラウドに送るという翻訳の端緒となる行為に関わっており、少なくともサービス利用者の著作物の利用行為への関与の度合いは異なることに鑑みれば、翻訳サービスに係る上記2．の整理は直ちに当該判例の考え方と矛盾するものではないと考えられる。
>
> （※2）平成26年10月22日知財高裁判決（平成28年3月の最高裁による上告不受理により確定）

図1.3　翻訳サービスおよび自炊代行サービスについて

> 問 改正案による「柔軟性のある権利制限規定」の整備の考え方と全体像如何。
>
> （答）
> 1. 近年新たなニーズに対応して整備を行った権利制限規定には要件が一定程度具体的に定められているものがあり、その要件から外れるような新たな利用方法が生まれた場合に、著作権侵害となるおそれが指摘されてきた。
>   （※ これまでの主な改正）
>   〔平成21年著作権法改正〕 インターネット検索サービス、情報解析、ネットワークの障害防止・送信の効率化 等
>   〔平成24年著作権法改正〕 技術の開発・実用化のための試験、インターネットによる情報提供の準備 等
>
> 2. このような状況を受け、産業界より、イノベーションの創出のため、新技術を活用した新たな著作物の利用にも権利制限規定が柔軟に対応できるようにすることが求められてきた。
>   そこで、今回、こうした時代の変化に柔軟に対応できるよう、抽象度を高めた「柔軟性のある権利制限規定」を整備することとしたものである。
>
> 3. 制度整備の考え方としては、我が国の企業等のコンプライアンス意識の高さや法令遵守意識、訴訟における紛争解決に対する意識等も踏まえ、将来の変化への柔軟な対応を可能とすることと、法の予測可能性を確保するということとのバランスをとるため、対象となる行為の範囲について一定程度類型化を行った上で、その中で適度な柔軟性を確保するという方法を採用することとした。
>
> 次頁あり

図1.4 柔軟性のある権利制限規定について

> 4. 具体的には、著作権者に及び得る不利益の度合いに応じて分類した行為類型として、
>   ① 通常権利者の利益を害さない行為類型
>   ② 権利者に与える不利益が軽微な類型
>   ③ 権利者に与える不利益が軽微でなく、権利者の利益と権利を制限することにより実現される公益の間の調整が必要な行為類型
>   の3つの類型に分類した。
>
> 5. そして、そのうち①②について、産業界等から寄せられたニーズに対応可能であり、かつ、適切な柔軟性を備えた規定を整備することとした。具体的には、
>   ①については、著作物の表現の享受を目的としない利用等を広く権利制限の対象とする規定（新第30条の4、新第47条の4）
>   ②については、著作物の所在検索サービスや情報分析サービス等、電子計算機による情報処理の結果の提供の際著作物の一部を軽微な形で提供する行為を広く権利制限の対象とする規定（新第47条の5）
>   を整備することとした。
>
> 6. また、規定の新設に伴い、同様の趣旨が妥当する現行規定（30条の4、47条の4、47条の5、47条の6、47条の7、47条の8、47条の9）については、新設する規定に統合することとした。

図1.5 柔軟性のある権利制限規定について（続き）

■補足（図1.4および図1.5に関して）

1. 「記4」の説明を具体例とともに図示したのが、図1.6である。
2. 「記5」の説明を具体例とともに図示したのが、図1.7である。

　なお、①の（ ）内の新第30条の4については、前記図1.1の「■補足」を参照。新第47条の4については、第3章で全文を紹介しているが長文なので、文化庁ホームページで紹介している「条文の骨子」を以下に引用する。

電子計算機における著作物の利用に付随する利用等（第47条の4）
【条文の骨子】
＜Ⅰ．キャッシュ等関係＞
　著作物は、次に掲げる場合その他これらと同様に当該著作物の電子計算機における利用を円

滑又は効率的に行うために当該利用に付随する利用に供することを目的とする場合には、その必要と認められる限度において、いずれの方法によるかを問わず、利用することができる。

ただし、著作権者の利益を不当に害する場合はこの限りでない。

① 電子計算機におけるキャッシュのための複製
② サーバー管理者による送信障害防止等のための複製
③ ネットワークでの情報提供準備に必要な情報処理のための複製等

＜Ⅱ．バックアップ等関係＞

著作物は、次に掲げる場合その他これらと同様に当該著作物の電子計算機における利用を行うことができる状態の維持・回復を目的とする場合には、その必要と認められる限度において、いずれの方法によるかを問わず、利用することができる。

ただし、著作権者の利益を不当に害する場合はこの限りでない。

① 複製機器の保守・修理のための一時的複製
② 複製機器の交換のための一時的複製
③ サーバーの滅失等に備えたバックアップのため複製

3.「記5」の②の（ ）内の新第47条の5については、図1.2の「■補足」を参照。

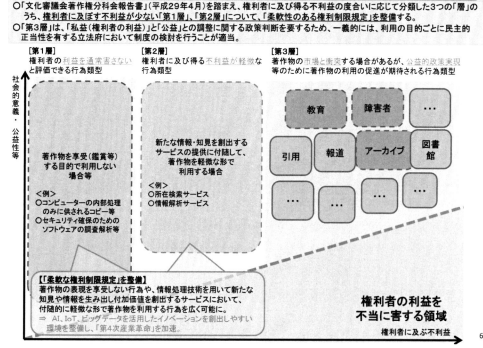

図1.6　権利制限規定に関する3つの「層」と「柔軟な権利制限規定」がカバーする範囲について (出典：http://www.bunka.go.jp/seisaku/chosakuken/hokaisei/h30_hokaisei/pdf/r1406693_02.pdf、6ページ)

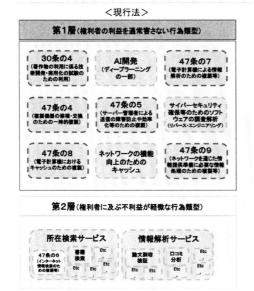
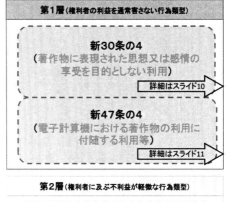

図1.7 「柔軟な権利制限規定」の整備のイメージ（概要）（出典：http://www.bunka.go.jp/seisaku/chosakuken/hokaisei/h30_hokaisei/pdf/r1406693_02.pdf、8ページ）

図1.8 改正案のイノベーション促進効果について

■補足（図1.8に関して）

「記2」の説明を具体例とともに図示したのが、図1.9である。

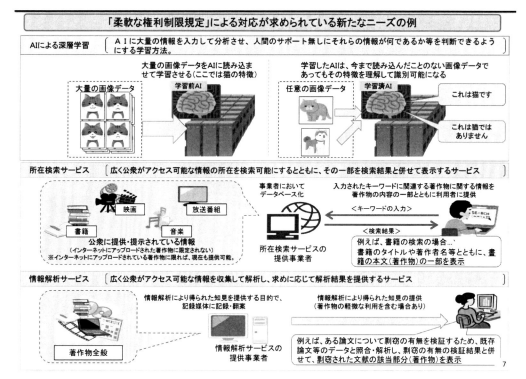

図1.9 「柔軟な権利制限規定」による対応が求められている新たなニーズの例」（出典：http://www.bunka.go.jp/seisaku/chosakuken/hokaisei/h30_hokaisei/pdf/r1406693_02.pdf、7ページ）

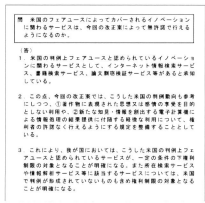

図1.10 改正案のイノベーション促進効果について

■補足（図1.10に関して）

「記1」の「米国の判例上フェアユースと認められているイノベーションに関わるサービス」の詳細については、付録「改正著作権法はAI・IoT時代に対応できるのか？」を参照。

> 問 「柔軟性のある権利制限規定」の整備を受けて、著作物の利用の円滑化が適切に図れるよう、今後どのような取組を行っていくのか。
>
> （答）
> 1　今回の改正案により「柔軟性のある権利制限規定」が導入された場合には、抽象的な要件を規定したものについて、法の適用範囲に係る予測可能性を確保するため、改正法の趣旨や内容について一般国民への周知を十分に行うとともに、関係者のニーズや国に期待される役割等を踏まえ、ガイドラインの整備に向けて取り組むこととしたい。
> 2　また、新第47条の5第1項第3号に規定する「政令で定める」としたサービスについては、新たなニーズを踏まえ、政令に定めるべき新規サービス類型が生じた場合には、文化審議会著作権分科会における審議を経て、速やかに措置を講じることとしたい。

図1.11　改正案によって可能になる米国のフェアユース関連サービスについて

■補足（図1.11に関して）

「記2」の政令について、文化庁は2018年7月11日から8月10日までの間、ホームページを通じてニーズを募集。6団体から寄せられた22件のニーズを「文化審議会著作権分科会 法制・基本問題小委員会」で審議した。その結果を取りまとめた2018年12月の中間まとめでは、今回提出されたニーズを元にした政令の制定は行わないこととしている。詳細は付録「改正著作権法はAI・IoT時代に対応できるのか？」を参照。

1.2　自民党内での議論（三宅伸吾）

1.2.1　所有者不明土地問題に類似する著作権法

今日は、私の恩師である中山信弘先生がいらっしゃいまして、少し話しづらい部分があるわけですが、なるべく法律の話をしなければ話しづらくはならないでしょうか（笑）。

さて今、日本にはさまざまな政策課題がありますが、その1つが所有者不明の空き家問題と、未登記の相続された不動産の取り扱いです。かねてから、これらの問題は、大きな政策課題であったにもかかわらず、「所有権等を制限するのはけしからん！」という学識者の方々が大勢いることにより、にっちもさっちもいかないという状態でここまできてしまいました。

2、3年前から、あまりにも空き家が増えすぎて、また未登記の相続不動産が山のようにあることが地域の再開発に支障を来すなど、種々の弊害を引き起こすようになってから、もうこれ以上放置できないということになり、やっと所有者不明土地等の権利調整に関するさまざまな議論が動き出しました。すぐ解決に至るのは難しいですが、3段階か4段階にして、この問題を解決しようと政府一丸となって議論が進められていることは皆さんご存じだと思います。

なぜ著作権のシンポジウムの場で、私がこのような話をするかというと、著作権法も同じだと感じるからです。

憲法29条には財産権について、以下のように書かれています。

第二十九条
財産権は、これを侵してはならない。

財産権の内容は、公共の福祉に適合するやうに、法律でこれを定める。
私有財産は、正当な補償の下に、これを公共のために用ひることができる。

　上記の通り、第29条には財産権の内容は公共の福祉に適合するように、法律でこれを定めると書かれています。私はこれが一番大事だと思っています。

　財産権はもちろん尊重されなくてはなりませんが、財産権の内容は公共の福祉に適合するよう法律で規定することができるのです。

　私は所有権を巡る不動産の問題も、究極的にはそれが最大の論点だと感じています。

　著作権法も根っこは同じです。

　著作権法の場合も、著作権者（権利者）不明というケースが少なくないわけです。権利者不明の場合の活用問題もこれまで段階的に手直しされてきたとはいえ、まだまだ議論が不十分だと私は感じています。時間やコストなどいろいろな問題があるため、重要なコンテンツの利活用について、まだブレーキがかかっている状態です。

　本日のテーマである"フェアユース"に関しても、なぜ権利者が大きな経済的損害を受けないにもかかわらず、いちいち権利者の許諾を得るという手間暇をかけないと、利活用による恩恵を受けられないのか。この現状は公共の福祉に適用していないと私は感じます。

1.2.2　立法過程の現状と課題

　私は中山先生のもとで法律について勉強はしましたものの、法律家ではありません。しかし常識はあると思っています。

　本日、私が1点お伝えしたいのは、立法過程の現状と課題です。私はジャーナリスト時代、当時の文化庁の著作権課長に「なぜ文化庁は早く法改正をしないのか」と質問をしました。私自身も自分なりに勉強して自説を述べたところ、最後にその著作権課長にこのように返されました。「法案というのは、審議会の各団体で利害調整がついたものしか通過できないんだよ」

　ということは、審議会の構成メンバーが偏っていると国民の最大幸福に向けた利害調整はつきません。9割の国民が賛成したとしても、審議会のメンバーが1人でも大反対すれば、利害調整はつかないので、法案は成立しないということになります。すべての法律がそうであるとまではいいませんが、日本の立法過程は概してそういう傾向にあると思います。

　今回の著作権法改正の立法過程で驚いたことがありました。阿達先生を含めフェアユースをちゃんと理解している議員は10人くらいだと思います。しかし、その半数くらいが、自民党の文部科学部会で、「この内容は不十分だ」「こんなものは通過させられない！」と激しく反対したため、文化庁の著作権法改正案は了承されませんでした。

　すると次の回では、今まで著作権法改正について発言してこなかった、いわゆる○○族議員と呼ばれる方々が大勢、部会に出席して、どんどん発言するようになりました。結果的に、私や阿達議員は少数派になってしまったのです。かつ、私が一番驚いたのは、改正法案に賛成された方の発言です。「著作権は登録主義なのだから……」と10分近い長演説をされました。そ

れでも、数は力です。私や阿達先生などの柔軟な権利制限を求める立場はマイノリティになってしまい、結果的に押しきられてしまった。これが悲しき立法過程の現状です。

　本日はたぶんフェアユース的な発想の方が、多くいらっしゃるかと思いますが、もしわが国において公共福祉に適合する形で、当然のことながら著作権者の財産権、人格権を尊重しつつ、国民の利便性向上のために著作権法を改正すべきだと思うのであれば、やはり数は力であります。自民党の立法過程において、フェアユース推進論者がマジョリティにならない限り、法改正は実現しません。残念ながら政治は理屈だけではございません。数が力です。ただし理屈が通っていて、かつそれを説得できるような伝道師がおれば、マイノリティがマジョリティに変わって、立法過程もそれでいくということはありえますけれども、結論は数は力でございます。

　いかにして今日ご参加の皆様の、多くの方の思いを立法活動に結び付けていくような活動を、啓発活動も含めてしっかりやりませんと、日本の著作権法は2周遅れ、3周遅れのままです。そのことに、私は非常に危機感をもっています。

　勝手なことを申し上げましたけれども、どうぞ皆様の今日の議論を通じて、日本の著作権者、国民全体、関連産業のすべてがともに繁栄するような結論へと導ければと思います。

第2章　平成30年著作権法改正――「柔軟な権利制限規定」の意義と今後の課題（中山信弘）

2.1　20世紀の著作権法と21世紀の著作権法

2.1.1　時代を経て著作権法も変化する

　著作権法という名の法律はかなり以前から存在します。しかし20世紀における著作権法と21世紀における著作権法では、そのもっている実質的意義はまったく異なります。たとえば20世紀における複製とは、主として出版者による印刷等を意味しましたが、21世紀では、個人であってもパソコンを用いてきわめて容易に複製ができ、またネットからダウンロードしただけで複製となります。つまり実質的には複製の範囲が大幅に拡大し、それだけ社会に対する著作権の影響も強くなっています。著作権法は原則として複製一般を禁止しており、私的使用目的の複製が例外とされておりましたが、今ではその例外規定に多くの例外が設けられています。従来の個人による複製は、手書きの複製か、せいぜいフィルムによるアナログの写真程度で、それが出版者等の営業を脅かすようなものではありませんでした。それが現在では、個人の行為といえども違法となる複製が増えてしまい、私たちの生活にも大きな影響を与えます。つまり、複製という法的概念は同一でも、複製が有する社会的意味合いは変化しているのです。

　著作権法は何回かの改正を経ておりますが、物権的構成と人格権保護という本質は変わっておりません。他方、現在は情報化時代であるといわれ、情報が有する社会的意義が、20世紀とはまったく異なってきています。つまり、著作権法の本質に変化がないとしても、その保護対象に変化があれば、著作権法のもっている社会的意味、あるいは機能に変化があるのは当然であり、現在の著作権法は情報化時代に適合していないということができます。たとえて述べれば、大リーグのルールを草野球に当てはめているとでもいえるでしょう。

2.1.2　誰もが著作者になれる現代

　著作権法とは、著作物という情報を保護する法律です。情報であるので、それは手に触れることができない財です。たとえば小説は著作物の典型例のように考えられていますが、小説の書かれている本自体は有体物であり著作物ではなく、本は無体の情報の媒介物にすぎません。絵画の原作品にはきわめて価値の高いものもありますが、それも著作者の思想・感情を表現している媒体にすぎません。したがって、絵画の原作品が火事で燃えてしまっても著作物は残り、著作権は消えません。著作物とは、無体の情報である、ということを理解することが重要です。

　従来の著作物の流れは、一握りの才能のある人が小説や音楽等の創作をし、多くの一般人はそれを享受するという一方通行でした。ところが現在ではネットの発展により、万人が創作者

となることができ、それを世界の人々に発信し、世界中の人がそれを享受することが可能な時代になっております。まったく無名の者が一夜にして世界的な有名人になることも稀ではありません。またデジタル時代となり、著作物の数も極端に増加しております。つまり著作権法のプレイヤーとフィールドが劇的に広がっているといえます。野口祐子弁護士の言葉を借りれば、「著作権法が業法からお茶の間法」へと変化しているわけです。

2.2　個別権利制限規定の限界

　情報化社会では従来想定もしていなかった形態での複製行為や送信行為等がなされており、それらのすべてを著作権侵害としたのでは社会が機能不全に陥る、あるいは社会正義にもとることになります。そこで、従来、違法とすると都合が悪い行為を、著作権法改正で1つずつ権利制限の範囲に加えてまいりました。しかしこの方法ですと、社会の発展があまりに早いので、個別の法改正では間に合わない事態が生じています。つまり、立法までには相当な時間がかかるので、その間は、当該行為は違法ということになり、そうなると、たとえば検索エンジンのように複製や公衆送信を行う事業は、立法されるまでは基本的には違法ということになります（わが国では、平成21年著作権法改正で明文で合法化されました）。特にネット産業は先手必勝であり、世界に先駆けて新ビジネスを展開する必要があり、時間との勝負の場合が多いようです。

　検索エンジンや情報解析のための著作物の利用については、個別的に例外的に権利の範囲外とされる改正がなされましたが、あくまでも個別的な規定であり、アメリカのフェアユース規定のような立法はなされませんでした。そこでわが国でも、遅まきながら平成30年の著作権法改正でかなりの包括的・一般的な規定、つまり柔軟な権利制限規定が導入され、少なくともコンピューター関連に関しては、これで十分か否かは別として、一応、フェアユースらしき規定が整いました。改正法の30条の4では、著作物に表現された思想・感情の享受を目的としない利用は自由とされていますが、この享受を目的としない利用については、コンピューターに限られない条文となっております。しかし、現実にはコンピューター関係で用いられることが多い条文であろうと思います。従来このような柔軟な規定は内閣法制局が頑として認めなかったといわれていましたが、今回の改正は、内閣法制局の担当者が異動したことにより可能となったと仄聞しております。もしそれが事実ならば、このようなきわめて重要な政策事項が、法制局の担当者の趣味により、実現したり実現しなかったりする、ということは実におかしなことであると思いますが、今日は、この点については、深追いはしないことといたします。

2.3　今回の改正

2.3.1　「柔軟な規定」の意味

　ただ今回の改正は主としてコンピューター関連のものが中心であり、フェアユースのなかでもきわめて重要なパロディ等については手付かずです。コンピューター関連以外でもフェアユー

スの適用される場面は多々あります。特にパロディの問題は表現の自由にも深く関係しており、アメリカでは著作権といえばすぐに表現の自由という憲法問題の議論になりますが、わが国では最近議論が始まったところです。この問題は避けて通ることはできないテーマであり、したがって、フェアユースを求める運動は今後も続けていかねばならないと考えます。

　平成30年改正で、コンピューター関連についてはフェアユースに近い規定が成立した点は好ましいことではあります。しかしながら、柔軟な規定が成立したこと自体は大変結構なこととはいえ、今後は、著作権に関するすべてのステークホルダーがさまざまな努力をしなければならないということを意味します。柔軟な規定を設けることは、「事前規制から事後規制」へ、「官から民へ」、「行政から司法」へという大きな流れに沿った改正であり、著作権法の受け手である民がそれだけ大きな責任を負うということを意味します。問題が生じたら、官庁や政治家に駆け込み、法改正を請願するということではなく、自らがフェアと信じる行動を取り、問題があれば裁判で決着をつけるということを意味します。たとえばグーグルは検索ビジネスにつき、多くの訴訟を提起されましたが、フェアユースであるとして訴訟を勝ち抜き、現在の地位を確立しました。今では検索エンジンビジネス自体を違法とすべきである、という人は少ないでしょう。もっとも、どこまでやってもよいのか、という点を巡っては現在でも訴訟はありますが、いずれにせよ、訴訟で勝ち抜くという強い意思と実行力が必要となるでしょう。

2.3.2 「柔軟な規定」の問題点

　そうはいっても、柔軟な規定であるだけに、その解釈において、違法と合法との間にはっきりとした線を引くことが難しくなりました。著作物の享受とは何を意味するのでしょうか。たとえば今問題となっている音楽教室でのレッスン用に音楽を利用する行為は、表現された思想または感情の享受といえるのかという判断は難しく、最終的には裁判所で決着をつけることになるでしょう。また、必要と認められる限度とはどこまでを意味するのか、あるいは軽微な利用とは何か、などの点が問題となります。あらかじめ法律で要件を厳格に定めておけば、その解釈は比較的安定しておりますが、具体的な妥当性に欠ける結果になりがちです。それに対して、柔軟な規定であれば、安定性は低いかもしれませんが、具体的妥当性の追及にとっては使いやすい条文であるということができます。

2.4　望まれる企業の対応

2.4.1　安全策に傾きがちな企業サイド

　それらは最終的には裁判所で決着をつける問題ではありますが、日本の場合は、役所にガイドラインを作成してほしいという要求が強く、役所もそれに応えてガイドラインのようなものを作る例が多いようです。私も何回か、そのようなガイドライン作成に関与したことがあります。それらの多くにおいて、これは裁判所を拘束するものではなく、法的拘束力のあるものではない、という留保は付けていますが、それでも役所が作ったガイドラインが裁判所で否定さ

れることはあまり格好のよいものではありません。そこで、官製ガイドラインというものは、どうしても安全な方向に傾きがちです。そして企業はガイドラインに沿って行動すれば安全である、少なくとも担当者は自分の責任を問われない、ということになりがちです。そうなると、裁判所の判断を経ないまま、一番硬い、あるいは安全な解釈が通説的な見解になり、企業は冒険をしなくなります。

2.4.2 「柔軟な規定」にこそビジネスチャンスが潜んでいる

しかし企業、特にベンチャー企業はもっと冒険をすべきであるし、グーグルの事例を見てもわかる通り、グレーなところにこそ宝の山が潜んでいるように思えます。最近は、官も民もデータ改竄のような完全に真っ黒けのことをしておきながら、なぜか知財に関してはホワイトなことばかりを追求して、宝の山であるグレーなことを敬遠しがちなように思えます。官製のガイドラインのみに頼るのではなく、現場をよく知っている民間からもどしどし意見を出すべきであるし、また民間団体によるガイドラインを出すことも有益であろうと思います。

いずれにせよ、やっと柔軟な規定が成立した以上、企業としては、これをうまく利用してビジネスのチャンスとすべきであろうと思います。

第3章 改正法における「柔軟な権利制限規定」の意義と課題（上野達弘）

3.1 柔軟な権利制限規定とは

　今日は「柔軟な権利制限規定」がテーマということですが、私は今回の改正に一定の関与をしてきましたので、その経験を踏まえてお話させていただきます。

　さて、今回の改正で設けられた「柔軟な権利制限規定」というものを一言で申しますと、2つの行為類型について柔軟な権利制限規定を作ったということです。それが［第一層］［第二層］と呼ばれる行為類型です

　まず、［第一層］というのが、「権利者の利益を通常害さない」という行為類型です。権利者の利益を通常害さないような行為なのですから、それは「柔軟性の高い規定」を設けてよいだろうという考えなのです。ちなみに、ここでは"高い"という言葉が使われていますが、後ほど、"相当程度"柔軟性がある規定というのも出てまいります。

3.2 柔軟性が高い権利制限規定（第一層）

　さて、［第一層］の行為類型に対応する「柔軟性の高い権利制限規定」は、以下の改正後30条の4と47条の4という2つの規定になります。

（著作物に表現された思想又は感情の享受を目的としない利用）
第30条の4　著作物は、次に掲げる場合その他の当該著作物に表現された思想又は感情を自ら享受し又は他人に享受させることを目的としない場合には、その必要と認められる限度において、いずれの方法によるかを問わず、利用することができる。ただし、当該著作物の種類及び用途並びに当該利用の態様に照らし著作権者の利益を不当に害することとなる場合は、この限りでない。
一　著作物の録音、録画その他の利用に係る技術の開発又は実用化のための試験の用に供する場合
二　情報解析（多数の著作物その他の大量の情報から、当該情報を構成する言語、音、影像その他の要素に係る情報を抽出し、比較、分類その他の解析を行うことをいう。第47条の5第1項第2号において同じ。）の用に供する場合
三　前2号に掲げる場合のほか、著作物の表現についての人の知覚による認識を伴うことなく当該著作物を電子計算機による情報処理の過程における利用その他の利用（プログラムの

著作物にあつては、当該著作物の電子計算機における実行を除く。）に供する場合

（電子計算機における著作物の利用に付随する利用等）
著作権法47条の4第1項
　電子計算機における利用（情報通信の技術を利用する方法による利用を含む。以下この条において同じ。）に供される著作物は、次に掲げる場合その他これらと同様に当該著作物の電子計算機における利用を円滑又は効率的に行うために当該電子計算機における利用に付随する利用に供することを目的とする場合には、その必要と認められる限度において、いずれの方法によるかを問わず、利用することができる。ただし、当該著作物の種類及び用途並びに当該利用の態様に照らし著作権者の利益を不当に害することとなる場合は、この限りでない。
一　電子計算機において、著作物を当該著作物の複製物を用いて利用する場合又は無線通信若しくは有線電気通信の送信がされる著作物を当該送信を受信して利用する場合において、これらの利用のための当該電子計算機による情報処理の過程において、当該情報処理を円滑又は効率的に行うために当該著作物を当該電子計算機の記録媒体に記録するとき。
二　自動公衆送信装置を他人の自動公衆送信の用に供することを業として行う者が、当該他人の自動公衆送信の遅滞若しくは障害を防止し、又は送信可能化された著作物の自動公衆送信を中継するための送信を効率的に行うために、これらの自動公衆送信のために送信可能化された著作物を記録媒体に記録する場合
三　情報通信の技術を利用する方法により情報を提供する場合において、当該提供を円滑又は効率的に行うための準備に必要な電子計算機による情報処理を行うことを目的として記録媒体への記録又は翻案を行うとき。
2　電子計算機における利用に供される著作物は、次に掲げる場合その他これらと同様に当該著作物の電子計算機における利用を行うことができる状態を維持し、又は当該状態に回復することを目的とする場合には、その必要と認められる限度において、いずれの方法によるかを問わず、利用することができる。ただし、当該著作物の種類及び用途並びに当該利用の態様に照らし著作権者の利益を不当に害することとなる場合は、この限りでない。
一　記録媒体を内蔵する機器の保守又は修理を行うために当該機器に内蔵する記録媒体（以下この号及び次号において「内蔵記録媒体」という。）に記録されている著作物を当該内蔵記録媒体以外の記録媒体に一時的に記録し、及び当該保守又は修理の後に、当該内蔵記録媒体に記録する場合
二　記録媒体を内蔵する機器をこれと同様の機能を有する機器と交換するためにその内蔵記録媒体に記録されている著作物を当該内蔵記録媒体以外の記録媒体に一時的に記録し、及び当該同様の機能を有する機器の内蔵記録媒体に記録する場合
三　自動公衆送信装置を他人の自動公衆送信の用に供することを業として行う者が、当該自動公衆送信装置により送信可能化された著作物の複製物が滅失し、又は毀損した場合の復旧の用に供するために当該著作物を記録媒体に記録するとき。

こうした規定を見て、「ああ、柔軟だなあ」と感じる方は、なかなかいないと思います。どこが柔軟なのかと申しますと、実は「受け皿規定」があるのですね。「受け皿規定」というのは、具体的に例示された規定に合致しない場合でも、それと同等と評価できるような場合をカバーするものです。今回改正された30条の4でいいますと、柱書きの中に、「次に掲げる場合その他の……」とありますので、これによって、同条1～3号に合致しない場合でも、「著作物に表現された思想又は感情を自ら享受し又は他人に享受させることを目的としない場合」といえれば、この規定の適用を受ける可能性があることになります。

このように、柱書きを用いた受け皿規定というのは著作権法では新しいアイデアでして、私はこれを「柱書きによる受け皿規定」と呼んでおります。

3.3　表現非享受（第一層①）

30条の4は、「著作物に表現された思想又は感情を自ら享受し又は他人に享受させることを目的としない場合」――これを「表現非享受」と呼びます――に関する規定で、1号、2号、3号はいずれも表現非享受に当たるケースの例示だということになります。そして、もしこれ以外に表現非享受といえるような場合があれば、これに柔軟に対応できる規定が設けられたというわけです。

ちなみに、この"表現非享受"というのがよくわからないという声もあるかと思います。実際、明確ではないのですけれど、その背景には次のような考えがあります。つまり、著作物というのは、視聴者等が著作物に表現された思想または感情を享受して知的・精神的欲求を充足させるという効用を獲得するためにあるのであって、著作権というのは、そうした表現の享受に先立つ一定の利用行為をカバーすることによって、権利者の対価回収の機会を確保しているのだという考えです。このように考えると、著作物等の視聴等を通じて視聴者等の知的・精神的欲求を満たすという効用を得ることに向けられた行為でないものは、たとえ形式的には複製などの利用行為に当たるとしても、そもそも表現の享受に先立つ利用行為とはいえず、それは権利者の対価回収の機会を損なうものではないので、著作権は及ばなくてもかまわないのだというわけです。

したがって、表現の「享受」に当たるかどうかは、国会答弁でも述べられていますように、「視聴者等の知的又は精神的欲求を満たすという効用を得ることに向けられた行為であるか否か」が問題とされることになります。

実際、表現非享受の例示である1号は、改正前30条の4に対応するもので、「技術の開発又は実用化のための試験の用に供するための利用」は許容されるという規定です。また2号は改正前47条の7に対応するもので、「情報解析」のための利用は許容されるという規定です。ちなみに、私は47条の7という規定が好きでして、外国でもよく紹介しているのですが、これからこの規定は47条の7ではなく30条の4第2号というややこしい番号で呼ばなければならなくなり

ました。あと3号は、人の知覚による認識を伴うことなく電子計算機による情報処理の過程における利用ということで、情報通信設備のバックエンドで行われる著作物の蓄積等のようなものがこれに当たると考えられています。

これらの1~3号が"表現非享受"の例示なのですが、それでもまだわからないかもしれません。今回の立法に関して、表現非享受とは何なのか不明確ではないかというご批判もあるかもしれませんが、明確性のある個別規定を設けると、今度は文言に縛られることになります。明確性と柔軟性はどうしてもトレードオフの関係に立つわけですね。

考えてみたら、いわゆるフェアユース規定をめぐる従来の議論では、むしろ個別規定が厳格すぎることが問題とされてきたわけです。誤解を恐れずにいえば、柔軟な権利制限規定を求めてきた人たちは、不明確な規定を求めてきたとも考えられるのです。したがって、今回の柔軟な権利制限規定が不明確だというのは、だからこそ望ましいというべきなのかもしれません。実際のところ、この規定をじっくり見続けていれば、「ひょっとしたら、あんな行為もこんな行為も表現非享受といえるのではないか？」と夢が膨らむかもしれないわけです。

なお、30条の4における「柱書きを用いた受け皿規定」に当たる具体例として、立法過程で述べられていたのはリバースエンジニアリングです。つまり、他人のコンピュータープログラムを解析して新たなプログラムの開発を行うことです。リバースエンジニアリングは10年以上前から権利制限規定の対象にすべきだといわれてきたものですから、本来であれば、今回の改正で明確な個別規定を設けるべきではなかったかと思いますが、内閣法制局における検討の結果、個別規定ではなく、この柱書きで対応することになったようです。

3.4　電子計算機における付随利用（第一層②）

このように「柱書きを用いた受け皿規定」を作るというのが、今回の改正における「柔軟性の高い権利制限規定」のアイデアなのですが、同じようなものが47条の4にも出てまいります。

こちらのほうは表現非享受というのではなく、電子計算機における著作物利用に付随する利用が対象になっています。確かに、電子計算機を利用するときには、情報処理や情報通信の円滑化・効率化等のために、形式的には著作物の複製や公衆送信が行われることがあります。たとえば、YouTubeで動画を見るときには、動画を円滑に視聴できるように、プログレッシングダウンロードといって、少し先のほうまでダウンロードされることがありますけれども、これが権利者の利益を不当に害するとか、対価回収の機会を奪うということは考えられません。

あるいは、電子計算機における利用を円滑または効率的に行うために、バックアップサーバーやキャッシュサーバーに複製することに関する改正前47条の5や、情報提供サービスに伴って分散処理をするときに蓄積することに関する改正前47条の9といった既存の規定をまとめて改正後47条の4にしました。そうした電子計算機における著作物利用に付随する利用行為は、所詮補助的な行為にすぎないので、「権利者の利益を通常害しない」ものとして、これにも「柔軟性の高い権利制限規定」が設けられることになったわけです。

つまり、47条の4には、その1項にも2項にも、柱書きにおいて、「次に掲げる場合その他これらと同様に……」という文言が入っており、この「その他」というのが、具体的に掲げられた各号の利用と同等のものと評価される行為について、権利制限規定の対象になるというわけです。

以上が、第一層です。

3.5 相当程度柔軟性がある権利制限規定（第二層）

さて、第二層です。第二層は、「権利者の利益を通常害さない」ではなく、不利益はあるけれども「権利者に及び得る不利益が軽微」だという類型です。これについては、"高い"柔軟性ではなく、"相当程度"というものになっています。それが以下の47条の5という規定です。

（電子計算機による情報処理及びその結果の提供に付随する軽微利用等）
著作権法47条の5

　電子計算機を用いた情報処理により新たな知見又は情報を創出することによつて著作物の利用の促進に資する次の各号に掲げる行為を行う者（当該行為の一部を行う者を含み、当該行為を政令で定める基準に従つて行う者に限る。）は、公衆への提供又は提示（送信可能化を含む。以下この条において同じ。）が行われた著作物（以下この条及び次条第2項第2号において「公衆提供提示著作物」という。）（公表された著作物又は送信可能化された著作物に限る。）について、当該各号に掲げる行為の目的上必要と認められる限度において、当該行為に付随して、いずれの方法によるかを問わず、利用（当該公衆提供提示著作物のうちその利用に供される部分の占める割合、その利用に供される部分の量、その利用に供される際の表示の精度その他の要素に照らし軽微なものに限る。以下この条において「軽微利用」という。）を行うことができる。ただし、当該公衆提供提示著作物に係る公衆への提供又は提示が著作権を侵害するものであること（国外で行われた公衆への提供又は提示にあつては、国内で行われたとしたならば著作権の侵害となるべきものであること）を知りながら当該軽微利用を行う場合その他当該公衆提供提示著作物の種類及び用途並びに当該軽微利用の態様に照らし著作権者の利益を不当に害することとなる場合は、この限りでない。

一　電子計算機を用いて、検索により求める情報（以下この号において「検索情報」という。）が記録された著作物の題号又は著作者名、送信可能化された検索情報に係る送信元識別符号（自動公衆送信の送信元を識別するための文字、番号、記号その他の符号をいう。）その他の検索情報の特定又は所在に関する情報を検索し、及びその結果を提供すること。

二　電子計算機による情報解析を行い、及びその結果を提供すること。

三　前2号に掲げるもののほか、電子計算機による情報処理により、新たな知見又は情報を創出し、及びその結果を提供する行為であつて、国民生活の利便性の向上に寄与するものとして政令で定めるもの

2　前項各号に掲げる行為の準備を行う者（当該行為の準備のための情報の収集、整理及び提

供を政令で定める基準に従つて行う者に限る。）は、公衆提供提示著作物について、同項の規定による軽微利用の準備のために必要と認められる限度において、複製若しくは公衆送信（自動公衆送信の場合にあつては、送信可能化を含む。以下この項及び次条第2項第2号において同じ。）を行い、又はその複製物による頒布を行うことができる。ただし、当該公衆提供提示著作物の種類及び用途並びに当該複製又は頒布の部数及び当該複製、公衆送信又は頒布の態様に照らし著作権者の利益を不当に害することとなる場合は、この限りでない。

　これも、どこに柔軟性があるのかがわからないと思われるかもしれませんが、この規定では3号が「前2号に掲げるもののほか」と規定されていますので、ここが「受け皿規定」になっています。つまり、1号と2号に掲げられている行為のほか、他にも「電子計算機による情報処理により、新たな知見又は情報を創出し、及びその結果を提供する行為であつて、国民生活の利便性の向上に寄与するもの」があれば、それも権利制限の対象になりうるというものです。

　ここにいう1号は、改正前47条の6に相当するものですが、もともと検索エンジンだけが対象になっていたのに対して、今回の改正によって、この規定がグーグルブックスのような所在検索サービスにも広く適用されるようになったうえで、この場所に移動してきたわけです。そして、2号は、情報解析サービスということで、典型的には、論文剽窃検証サービスがこれに当たるといわれています。したがって、これらのサービスは、いずれも「電子計算機による情報処理により、新たな知見又は情報を創出し、及びその結果を提供する行為であつて、国民生活の利便性の向上に寄与するもの」と位置づけられていることになります。

　そのうえで、1号と2号以外の場合でも、「電子計算機による情報処理により、新たな知見又は情報を創出し、及びその結果を提供する行為であつて、国民生活の利便性の向上に寄与するもの」であれば、3号によって権利制限の対象になりうるのですが、「政令で定めるもの」となっていますので、政令の指定を受ける必要があります。

　すでに、文化庁のほうでこの政令に関するニーズ募集が行われました。今日いらっしゃっている方々のなかにもニーズを提出された方がいらっしゃるのではないかと思いますが、これから同号の該当性が判断されることになるかと思います。

　このように、第二層の行為類型に対応する47条の5というのは、政令指定を2つの点で求めています。ですから、政令の指定がなされないまま裁判所が自由に同条を適用できるわけではありませんので、その意味では柔軟性は限定的ですが、法改正よりは政令改正のほうが容易なので、新しい変化に柔軟に対応できるという点は指摘できようかと思います。

　従来、「ルールとスタンダード」という議論がありまして、「ルール」は立法が事前に規範を定めるものであるのに対して、「スタンダード」は司法が事後的に規範を定めるものだといわれますが、今回の改正で設けられた47条の5というのは、行政が関与するという意味で3番目の新しいタイプの権利制限規定ではないかと私は思っています。

3.6 公益的政策実現のための行為類型（第三層）

以上、第一層と第二層に関する「柔軟な権利制限規定」でした。

あと、第三層というのもあるのですが、これは「公益的政策実現のために著作物の利用の促進が期待される行為類型」というもので、教育利用や図書館利用など、必ずしも軽微なものにとどまるわけではなく、権利者の利益を害するものではあるけれども、公益的な意味があるものであれば、著作権とのバランスにおいて、権利制限規定を設ける場合があるというわけです。

なお、この第三層に関する権利制限規定は、常に明確な個別規定になるかというと、必ずしもそうではありませんで、「適切な明確性と柔軟性の度合いを検討」するというまとめ方になっております。実際のところ、たとえば、引用に関する32条など、すべてが明確な規定というわけではありません。

3.7 改正の意義

さて、今回の改正に至るまで、権利制限規定をどうするかという点に関しては、日本でも10年以上にわたる議論の蓄積がありました。私は、2007年に初めて「日本版フェアユース」という言葉を使って以降[1]、日本における柔軟な権利制限規定について論じてきましたが、そこでは、アメリカのフェアユース規定を直輸入するわけではないが、［明確な個別規定］と［柔軟な一般規定］との組み合わせが日本法に適した権利制限規定であり、それなら日本でも可能なのではないか、と考えてきました[2]。

そのような観点から見れば、今回の改正は、当初私が考えていたような「受け皿規定」——すなわち、明確な個別規定カタログの末尾に受け皿規定として一般規定を置くもの——では必ずしもありません。しかしながら、今回の改正における柔軟な権利制限規定は、単に［明確な個別規定］と［柔軟な一般規定］との組み合わせにとどまらず、なぜ著作権を付与するのかという著作権の正当化根拠にまで立ち返って、柔軟性の程度を類型化したものと理解できるものであり、これは今までにないおもしろいアイデアだと思っています。

そして、これにあわせて、柔軟性の程度を「高い」と「相当程度」の2つに類型化しました。今回の改正では、第一層について、表現非享受と電子計算機における付随的利用の2種類に「柔軟性の高い規定」を設けましたが、もし将来、これ以外にも「権利者の利益を通常害しない」と評価できる行為類型が登場すれば、これに追加することも十分ありうると思います。同様に、第二層は、現状では、「電子計算機による情報処理により、新たな知見又は情報を創出し、及びその結果を提供する行為」だけが対象になっていますが、もし将来、これ以外にも権利者に与える不利益が軽微なものがあれば、第二層に追加することがありうるかと思います。

それだけではありません。今回の改正は、権利制限規定の整理をするついでに、既存の権利

---

1. 上野達弘「著作権法における権利制限規定の再検討——日本版フェア・ユースの可能性——」、「コピライト」560号（2007年）、2ページを参照。
2. 上野達弘「権利制限の一般規定——受け皿規定の意義と課題——」、中山信弘金子敏哉編「しなやかな著作権制度に向けて—コンテンツと著作権法の役割—」（信山社、2017年）、141ページを参照。

制限規定をかなりシンプル化しています。たとえば、改正後47条の4という規定は、既存の権利制限規定を整理統合したものですが、そのなかに、既存の著作権法で一番理解が困難といわれる改正前47条の5という規定がかなりシンプル化されて、ここに含まれています。実は、［シンプル＆フレキシブル］な著作権制度というのは、将来の著作権制度のあるべき姿として世界でも論じられているものなのですが、今回の日本の改正法も、ひょっとしたらその流れに沿うものといえるかもしれません。

　また、このような整理統合のついでに、既存の権利制限規定は拡大されています。特に、先ほどの検索サービスに関する改正前47条の6という規定が47条の5第1号になるにあたって、インターネットの検索だけでなく、所在検索サービスに広く適用されるように改正されております。さらに、情報解析に関する改正前47条の7の規定も、改正後30条の4第2号になるにあたって、いくつかの点で権利制限が拡大しています。

　したがって、今回の改正は、権利制限規定を全般的に拡大したものといえます。確かに、但書の付加や一般化によって権利制限が狭くなったように見えるところもあるのですが、参議院の附帯決議（平成30年5月17日）で、「現行法において権利制限の対象として想定されていた行為については引き続き権利制限の対象とする」ことが立法趣旨とされていますので、権利制限が狭まっていることはないという理解が示されています。そういう意味では、今後、権利制限の拡大によるイノベーションの促進効果は期待できるのではないかと思っています。

　他方、権利制限の過剰な拡大に対する懸念もありうるところですが、今回の改正では、「軽微」性や但書によって、過剰な権利制限の弊害が生じないように配慮したものと理解できます。

3.8　「権利保護」と「利用促進」のバランスを図る新たな試み

　今回の改正は、教育の情報化に関して、権利制限規定を拡大するとともに補償金制度も新たに設けています（改正後35条2項）。これは私もよくいうのですが、日本の著作権法は、［排他権］または［権利制限による無許諾無償］というオール・オア・ナッシングの規定が多いところ、著作物利用は自由にできるけれども、しかし利益は分配するというのが望ましい場合が少なからずあるように思います[3]。そうすると、今回の改正は、そうした［権利制限＆補償金請求権］への第一歩だと私は思っています。すなわち、［権利制限による円滑な利用促進］と［補償金制度による適正な利益分配］とを両立することによって、著作者の権利保護と著作物の公正な利用のバランスを取る方向へ進むのではないかと思います。

　著作権法にとって、［権利保護］と［利用促進］とのバランスをいかに実現するか、というのは永遠の課題ですが、今回の改正は、［明確性＆柔軟性］［円滑な利用促進＆適正な利益分配］など、その調整に多様な手法があることを示したといえます。今回の改正を機に、今後の改正に向けて選択肢が豊かになったはずです。そして、このようなものは諸外国にもヒントを与える

---

3. 上野達弘「著作権法における権利の排他性と利益分配」、『著作権研究』42号（2016年）、69ページを参照。

ことになると思います。ちょうど2週間前にもフィンランドでATRIPという国際学会がありました。日本の著作権法改正についてはほとんど知られていませんが、紹介すれば興味をもってもらえると思いますので、私もできるだけ早く今回の改正の意義を発信したいと思っています。

　もちろん、依然として"表現非享受"とは何かという解釈問題や、権利制限規定についてのガイドラインを設けるべきか、など、課題は残されています。また、あるべき著作権制度の探求には終わりがありません。いつの日かまた、権利制限規定の一般規定の是非が議論される可能性もあると思っています。そして、2020年は著作権法制定50周年です。大がかりなリフォームは当分無理かもしれませんが、今後もさまざまな課題に取り組んでいく必要があると思っています。

第4章　著作権法の行く手——平成30年改正が描く未来像（島並良）

4.1　法規範の柔軟性とは——2つの視点

　先ほどの上野先生とは共著『著作権法入門』（有斐閣）ほかでごいっしょさせていただいておりますが、上野先生と違って、私はこのたびの立法には関与しておりません。そこで、一研究者として、比較的自由な立場から今回の法改正について好きなことを申し上げたいと思います。

　本報告では、まず、今改正で新たに導入された3つの条項（非享受利用、コンピューター利用目的利用、情報処理付随軽微利用）において語られている法規範の柔軟性とは、そもそもいったいどういうことなのだろう、という点を検討します。そのうえで、法実務、立法、知財法学という3方面に対する今改正の影響を探ってまいりたいと存じます（図4.1）。

図4.1　はじめに 本報告の目的

　まず、法規範の柔軟性とは、いったいどういうことか、という点を考える際に、2つ重要な視点があると私は考えています（図4.2）。

　1つ目の視点は、「ルール」と「スタンダード」との違いです。ルール型の規範は、具体的・個別的なもので、たとえば「時速40km以上で走行してはならない」という規範がそれに当たります。これはつまり、一定の要件を満たせば、効果が発生するタイプのものです。その特徴は、規範の内容、どういう場合に交通違反になるのかということを人々が行為をする、つまり法が適用されるよりも前の段階（事前）に立法府が特定することです。これには、規範の明確

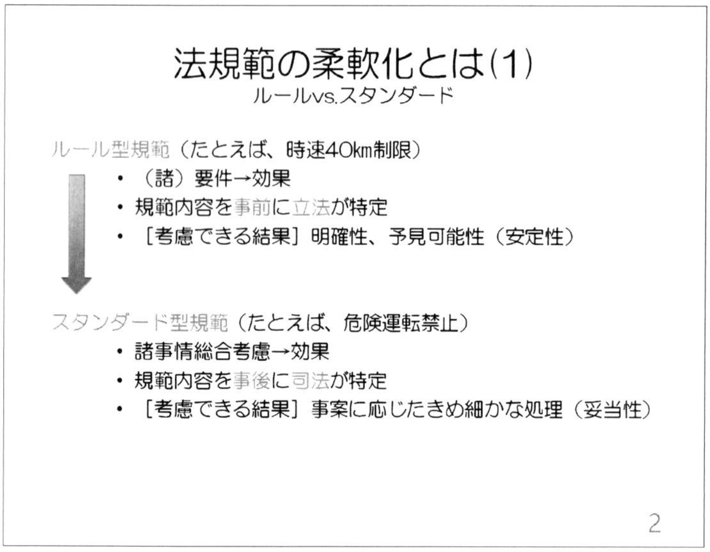

```
法規範の柔軟化とは（1）
    ルール vs. スタンダード

ルール型規範（たとえば、時速40km制限）
  ・（諸）要件→効果
  ・規範内容を事前に立法が特定
  ・［考慮できる結果］明確性、予見可能性（安定性）

スタンダード型規範（たとえば、危険運転禁止）
  ・諸事情総合考慮→効果
  ・規範内容を事後に司法が特定
  ・［考慮できる結果］事案に応じたきめ細かな処理（妥当性）
```

図4.2 法規範の柔軟化とは（1）ルール vs. スタンダード

性や当事者にとっての予見可能性といったメリットがあります。

　それに対して、今回の法改正が目指しているスタンダード型の規範は、たとえば「危険運転をしてはならない」という規範がそれに当たります。こうした規範は、何が危険かを明示していません。諸事情を考慮したうえで、危険かどうか、つまり交通違反かどうかが判断されるわけです。たとえば、雨が降っていた、人通りが多かった、暗闇だった、しかし脇見をせず低速走行していた……、こういったプラスとマイナスの諸要素を総合考慮して、法的効果の発生の有無が判断されるというものであります。その特徴は、規範の内容を人々が行動した後で裁判所が特定する点にあります。あなたが行った行為は危険なのですよ、したがって、交通違反ですよということを、事後的に司法が特定するというもので、事案に応じたきめ細かな処理が可能になります。法学部では「具体的妥当性」という漠然とした言葉を1年生のときに聞くわけですけれども、スタンダード型規範はこれを目指したものです。

　もう1つの重要な視点は、「形式」と「内容」の区別です（図4.3）。法規範の柔軟化とは、あくまで規範の形式、つまり定め方の問題です。換言すれば、権利制限規定を柔軟化することは、著作権の効力を弱めるという規範の内容の変更には必ずしも直結しません。先ほどと同じような例を出しますと、時速40km制限というものを危険運転禁止に置き換えても、交通違反と認定される旨の効果発生が生じやすいとは限らないわけです。諸要素を総合考慮する際に、マイナスの要素もプラスの要素も考慮するのだと話しましたが、そうであれば、40km制限を超えた50kmで走っていても危険ではないという場合もありうるわけで、規範を柔軟化したからといって交通違反という効果の発生が認められやすいとは必ずしもいえないということになります。そうではなく、既存の権利制限条項に追加して新たな権利制限条項を置いて、初めて権利制限の範囲が拡大し、著作権の効力は弱くなることになります。そして、その追加で置かれた条項が柔軟かどうか自体は、権利制限規定の範囲には、さしあたり影響しません。

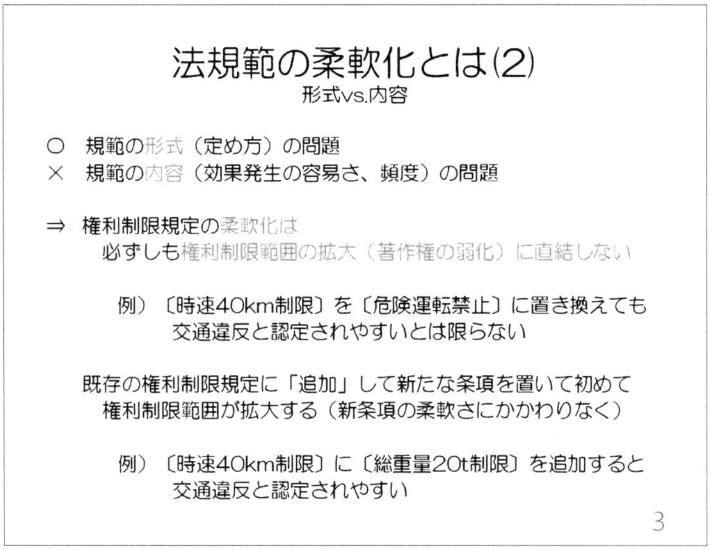

図4.3 法規範の柔軟化とは（2）形式 vs. 内容

4.2 法実務への影響

　さて、今回の改正により、規範がどの程度柔軟化したのかを見ると、それは各条文の「長さ」におおむね依存していると思います（図4.4）。条文が長くなる1つの要因は、特定の事象を詳細かつ正確に捉えた要件を置くことで、法実務における規範適用時のブレを防ごうというところにありますので、一般に条文の長さは規範の硬直性（反柔軟性）と対応します。

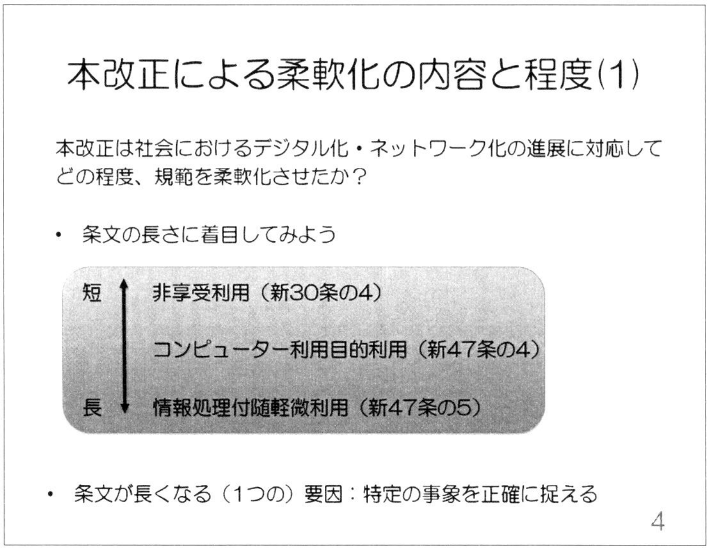

図4.4 本改正による柔軟化の内容と程度（1）

　今回改められた条文のうち、30条の4は一般性の高い本文があるがゆえに大幅に柔軟性が達成されています（図4.5）。また、47条の4は、目的を限定している結果、一定の外枠はあります

が、その枠内である程度の柔軟化をしています。他方、47条の5は個別規定であって、ほぼ柔軟化はなされていないと私は理解しております。

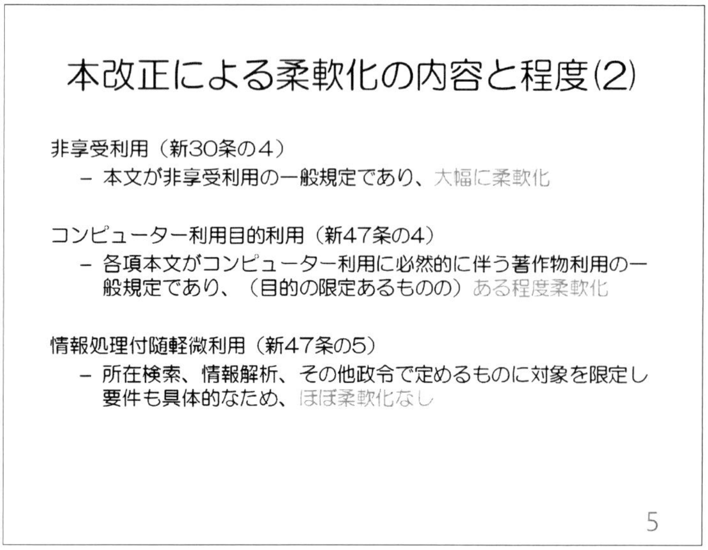

図4.5 本改正による柔軟化の内容と程度（2）

　ここで、今改正の法実務への影響を眺めると、非享受利用を許した30条の4はかなりインパクトが大きいだろうと思います（図4.6）。47条の4はある程度の柔軟性をもっているけれども、既存の規定を整理統合したものなので、一部要件が緩和されているとはいえ、あまり影響はないでしょう。最後の47条の5は、個別規定にすぎず、ほとんど柔軟化はされていないのですが、新しい個別規定が入ったという点で、一定程度の影響があると思われます。

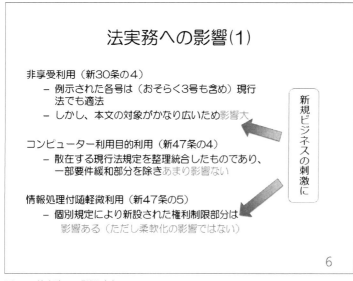

図4.6 法実務への影響（1）

このうち特に、30条の4の非享受利用の射程が、法実務面での影響を考えるにあたっては重要です（図4.7）。なぜなら、同規定はコンピューターの利用に限られない、一般原則を表明しているからです。

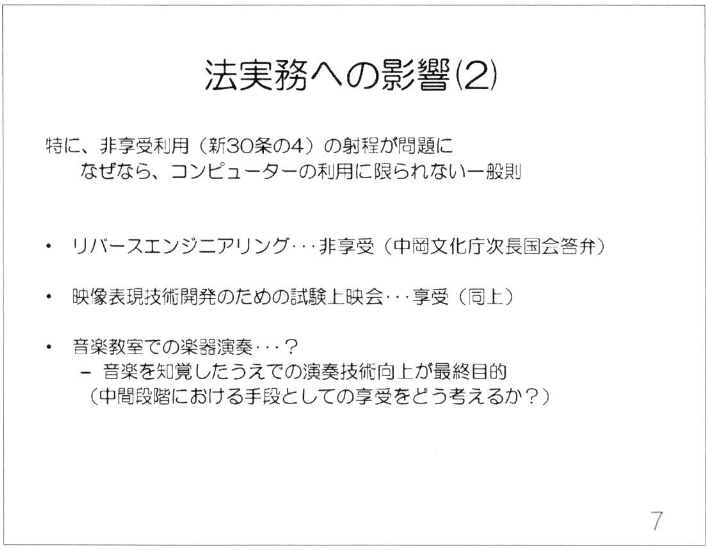

```
法実務への影響(2)

特に、非享受利用（新30条の4）の射程が問題に
    なぜなら、コンピューターの利用に限られない一般則

・ リバースエンジニアリング…非享受（中岡文化庁次長国会答弁）

・ 映像表現技術開発のための試験上映会…享受（同上）

・ 音楽教室での楽器演奏…？
    － 音楽を知覚したうえでの演奏技術向上が最終目的
      （中間段階における手段としての享受をどう考えるか？）
```

図4.7　法実務への影響（2）

　立法の過程で、同条の射程に関する文化庁次長の答弁があり、リバースエンジニアリングは非享受、したがって適法であって著作権侵害ではないが、他方、映像表現技術開発のための試験上映会は著作物の享受に当たるため著作権侵害だという整理がされています。この2つの例について、著作物の享受性という観点から違いを十分に説明できるかどうか、私はやや懐疑的ですが、担当者としては、そのつもりで立法したということです。今後、著作物の享受性に関する紛争が顕在化するでしょう。

　たとえば、中山先生のご講演のなかでも出てきた音楽教室での楽器演奏についても、私は今改正の影響があると考えています。音楽教室で楽器を弾くときには、確かに耳で聴いているけれども、その最終的な目標は演奏技術の向上があるわけです。そこで、このような中間段階における手段としての著作物の享受をどう考えるか、30条の4がいうところの非享受利用と考えるかどうかが、今後実務的に問題になってくるだろうと思います。

4.3　立法への影響

　2つ目が立法への影響です（図4.8）。今回だけでなく、権利制限規定を巡る立法過程では、通常、ヒアリング等を産業界・関係者に行い、意見を募っています。改正のニーズ、つまり立法事実を探るという努力が払われているわけです。今回もその成果が、審議会の報告書に示されています。このように、ヒアリングなどの立法コストをかけて、現在の具体的ニーズが判明した場合に、それに対応する個別制限規定によって応えるのは、ある意味正しい立法のあり方です。

> ## 立法への影響
>
> 権利制限規定を巡る立法過程では、ヒアリング等により産業界から意見を募り、改正のニーズ（「立法事実」）を探る作業が行われる
> 　たとえば、文化審議会著作権文化会報告書（平成29年4月）
>
> - 立法コストをかけて現在のニーズが判明した場合に、具体的な個別制限規定によってそれに応えることは当然
>
> - しかし、柔軟な制限規定の存在価値は環境変化への迅速・安価な対応
>   ⇒　規範を柔軟化する目的とその手法とがマッチしていない
>
> - 今後の立法に向けて
>   - 立法事実としては、「古い革袋（現行著作権法）が新しい酒（ネット／デジタル社会）に適合しがたい」ということで十分ではないか？
>   - 個別制限立法までのセーフハーバーとして、公正利用の一般条項（日本版フェアユース規定）を置くべき？

図4.8　立法への影響

　しかしそもそも、個別制限規定ではなく、今回問題となっているような柔軟で一般性の高い権利制限規定のメリットは、社会や技術における環境変化に応じて、司法府での迅速かつ立法コストをかけない対応を図るという点にあります。そうであるなら、規範を柔軟化するという目的と、具体的な権利制限ニーズを探るという手段が、残念ながらマッチしていなかったと私は考えています。今後のさらなる権利制限規定の柔軟化に向けて求められる立法事実としては、細々とした具体的ニーズをコストをかけて探るのではなくて、「古い革袋である現行の著作権法が、新しい酒であるネット技術やデジタル社会に適合しがたい」という抽象的な言明で十分ではないでしょうか。そして、こうした抽象的言明が正しいのであれば、個別制限規定の立法までのセーフハーバーとして、日本版フェアユース規定、つまり公正利用の一般条項を設ける意義があるかもしれません。

4.4　知財法学への影響

　最後に、3つ目の知財法学への影響、つまり理論的な問題です（図4.9）。今回の改正を通じて、どこまで権利を制限するのか、裏返せば、著作権をどこまで保護するかを支える「正当化根拠」を再考する必要が出てきたように思います。

　この点、審議会はどう考えているかといいますと、2つの側面から権利制限の根拠をあげています。1つは、著作物の本来的利用ではないから、もう1つは、著作権者の利益を通常は害さないか、害するが軽微だから、ということです。いずれの根拠も検討すべき理論的問題をはらみます。

　1つ目の根拠に関しては、審議会報告書によると、本来的利用とは著作物の本来的市場と競合する利用だと定義されています（図4.10）。そして、本来的市場とは何かというと、著作物を

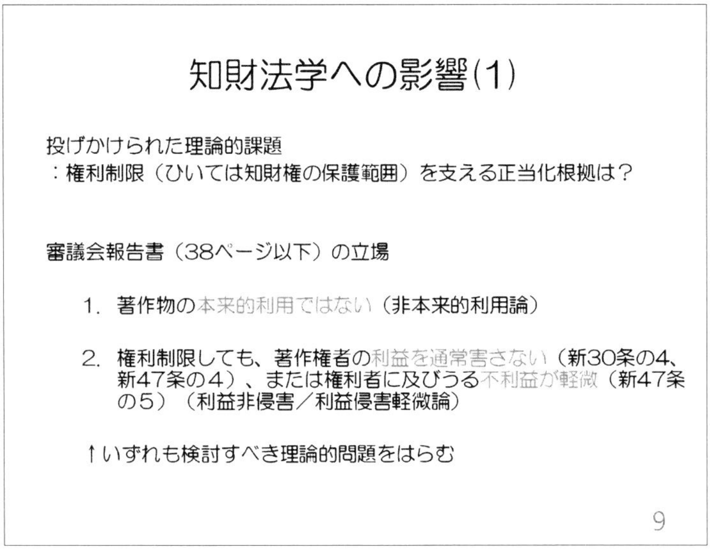

> **知財法学への影響(1)**
>
> 投げかけられた理論的課題
> ：権利制限（ひいては知財権の保護範囲）を支える正当化根拠は？
>
> 審議会報告書（38ページ以下）の立場
>
> 1. 著作物の本来的利用ではない（非本来的利用論）
> 2. 権利制限しても、著作権者の利益を通常害さない（新30条の4、新47条の4）、または権利者に及びうる不利益が軽微（新47条の5）（利益非侵害／利益侵害軽微論）
>
> ↑いずれも検討すべき理論的問題をはらむ

図4.9　知財法学への影響（1）

その本来的用途に沿って、作品として享受させることを目的として公衆に提供・提示することに係る市場だということです。

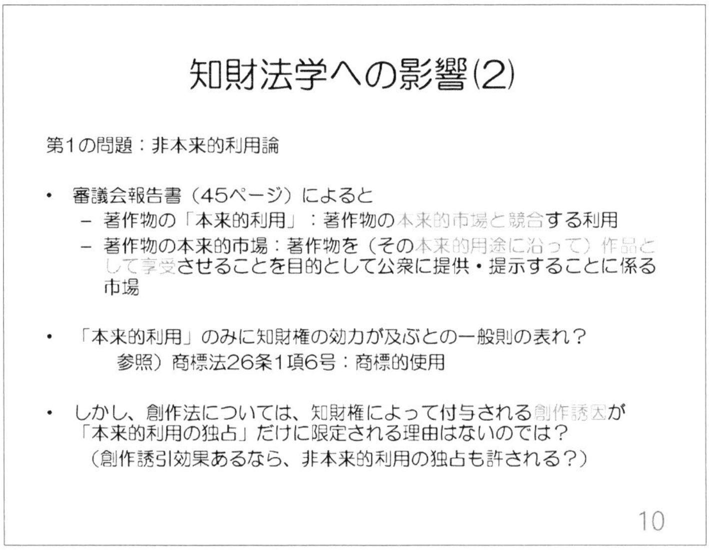

> **知財法学への影響(2)**
>
> 第1の問題：非本来的利用論
>
> - 審議会報告書（45ページ）によると
>   - 著作物の「本来的利用」：著作物の本来的市場と競合する利用
>   - 著作物の本来的市場：著作物を（その本来的用途に沿って）作品として享受させることを目的として公衆に提供・提示することに係る市場
> - 「本来的利用」のみに知財権の効力が及ぶとの一般則の表れ？
>   参照）商標法26条1項6号：商標的使用
> - しかし、創作法については、知財権によって付与される創作誘因が「本来的利用の独占」だけに限定される理由はないのでは？
>   （創作誘引効果あるなら、非本来的利用の独占も許される？）

図4.10　知財法学への影響（2）

　この説明を知財法の専門家として見ると、いわゆる商標法26条1項6号の「商標的使用」のルールが思い浮かびます。すなわち、商標を商品・役務を指し示すブランドとして使って、初めて商標権侵害が成立するというルールです。この、商標本来の目的・機能を果たす使用のみ商標権侵害として捉える考え方と、今回の改正は近いと感じました。

　しかし、商標法などのブランドを保護する法律と、著作権や特許法などの創作法は、法目的がかなり異なります。創作法については、特許権や著作権といった知財権によって付与される

創作のインセンティブが、創作物の本来的利用の独占だけに限定される理由は必ずしもないのではないでしょうか。つまり、創作の誘引効果があるならば、非本来的利用の独占も許されるのではないか、ということです。これは権利制限規定の導入に積極的な方々とは逆の立論になりますが、なぜ著作物の本来的な利用だけが権利侵害で、非本来的な利用は権利が制限されるのか、ということを、今少し理論的に検討する必要があると考えています。

権利制限に関する2つ目の根拠は、権利者への利益の侵害はないか、あるいは軽微だから、ということです（図4.11）。このような理解の前提には、保護すべき著作権者の利益があらかじめ観念されて、これが毀損されると権利の侵害だという発想があります。

図4.11　知財法学への影響（3）

一般には、権利者に損害が発生したかどうかは、権利侵害の判断、すなわち差止請求を認めるかどうかという場面では考慮しないというのが知的財産法の基本的な考え方です。そのうえで、権利侵害によって何かしらの損害が発生した場合には賠償請求権が発生する、という前提にこれまでは立ってきたと考えられます。このような構成を「物権的保護」とも呼ぶわけですが、この構成と今回の改正の整合性を考える必要があるでしょう。

そもそも、「何が権利の侵害か」ということと、「権利者にどのような損害を観念できるか」ということは、どちらが先に決まるかという点で実は難しい問題があり、慎重に考えないと循環論法に陥るのです。すなわち、「いったん権利の範囲を定めれば、それを犯すこと自体が損害だ」と考えられますが、逆に、今回の改正のように「損害があるものが権利侵害だ」と考えることもできるのです。またさらに、軽微な利益侵害が、デジタルネットワーク環境下ではどんどん集積し、積もり積もって無視できない量になることも考えられます。長期的にはそうした累積的損害が十分に想定できる場合に、なお短期的な判断でその都度権利を制限してしまうことが許されるのか、また許されるとしてそれはなぜか、今後の課題として残っていると思います。

4.5 おわりに

著作権も他の私権同様、他者の権利・利益との衡量のうえで成立していることは誰も疑わないと思います（図4.12）。そこでいう他者として、どのようなアクターがいるかというと、まずは既存著作物を使って新たな創作をする二次創作者がいて、そこでは著作権と表現の自由の調整が必要です。また、著作物を単に楽しむ享受者、消費者がいて、それとの関係では、作品・情報へのアクセスの自由との調整が求められます。そして最後に、著作物の享受を行わない著作物の利用者の利益も、ある程度考慮しなくてはならないということが今回の改正では示されています。

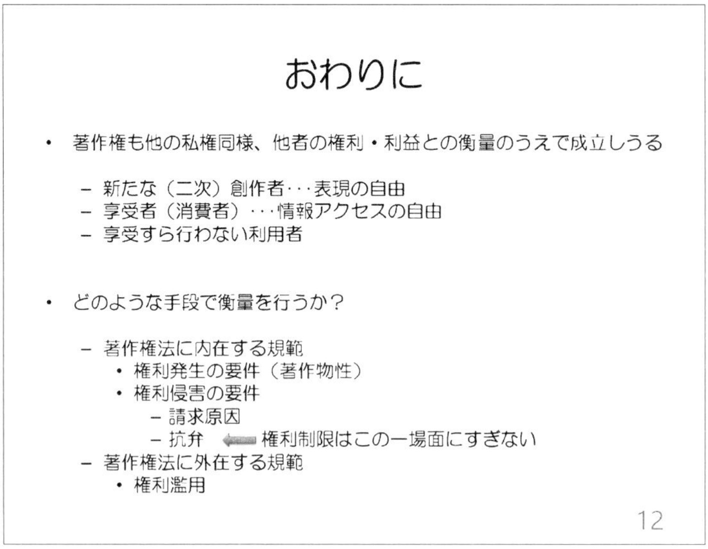

図4.12 おわりに

著作権という法制度は、決して絶対的に墨守すべき権利ではなく、私たちが生きる社会を適切に維持し、（できれば）よりよくするための手段にすぎません。著作者を保護するのも、それを通じて多様な著作物の創作に誘因を付与し、ひいては文化を花開かせるためのあくまで手段なのです。その運用に当たっては、上述したようなさまざまな権利・利益との衡量を踏まえることで、（権利者だけではない）社会全体の厚生を高めることが求められます。

問題は、どのような手段と基準で対抗利益との衡量を行っていくのか、ということです。もちろん、すでに著作権法のなかには、そうした利益衡量の契機がたくさん含まれています。たとえば、表現とアイデアの二分論では、アイデアだけの利用はセーフですが、表現まで盗用すればアウトだという基本的な立て付けがなされており、このアイデアと表現を分かつという発想そのものが、著作権とそれに対抗する表現活動の自由との衡量の結果であることは疑いようがありません。

今回の権利制限規定の柔軟化は、たくさんある衡量手段のなかの1つです。そして、他の衡量手段との顕著な違いは、冒頭でも述べました通り、＜事前に立法で衡量するのか＞、＜事後に

裁判所で衡量するのか＞というメタレベルでの選択問題であることを十分に意識する必要があると思います。そして、自らの著作物利用が適法だと主張する者は、前者での衡量を求めるなら、ロビー活動等で立法へのチャネルを取るようにきちんと努力していかなくてはなりません。他方、後者での衡量を求めるのであれば、最終的には裁判の場で自己の著作物利用がいかに公正かを主張していくことが必要になります。伝統に根ざした固定的な規範であればそのような努力は不要ですが、変動のただなかにある著作権法は良くも悪くもそうではありません。いずれにしても、「正しい」著作権法のあり方を求めるには、それなりの「正しい」努力が必要になるということです。そうしたある意味でのきびしさが、また同時に、著作権法のダイナミズムであり、おもしろさだと私は感じています。

第5章　著作権法のバッファ（椙山敬士）

5.1　権利／権利制限の関係（二分論と三分論）

　権利（著作権）で守られる行為、すなわち著作権者以外の者が行ってはならないとされる行為と、権利制限規定、つまりは許される利用行為との関係は、日本では現在、どうも図5.1のように二分して考えられているように思われます。つまり、権利が原則であって、本来は権利が及ぶところを、例外的に許容するために権利制限規定がある[1]、というわけです。図5.1で述べますと、本来は権利を示す矢印が一番右まで行くところを、例外として権利制限規定を置いている、ということです。法律の解釈一般においては、原則が優先して例外は後退することになっているようなので、権利が優先する、ということになりそうです。そして、このことを論理的に厳格に考えると、権利制限規定の新設は、それまで違法であったことを合法化することになるはずです。本当にそうでしょうか。ここでは「二分法でいいのか？」ということを考えてみたいと思います。

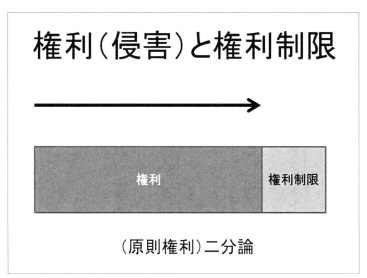

図5.1　権利（侵害）と権利制限

　アメリカのフェアユースのような規定と比較してみます[2]。このフェアユースの規定（107条）

---

1. 個別的制限規定は例外的な恩恵のようなものだと考えられている節があるが、むしろ権利というべきだと思われる。たとえば、点字の規定があるが、目が見えない人は書かれた文字を読めないので、情報にアクセスできるよう、ハンディキャップを補うように措置することは目の見えない人の権利というべきである。
2. アメリカ著作権法107条　106条及び106A条の規定にかかわらず、批評、解説、ニュース報道、授業（教室において使用するための多数の複製を含む）、研究又は調査等を目的とする著作物の公正使用（複製物又はレコードへの複製その他同条に明記する手段による使用を含む）は著作権侵害とならない。特定の場合に著作物の使用が公正使用となるかどうかを判定する場合には、考慮すべき要素として以下を含むものとする。（1）使用の目的及び性格（使用が商業性を有するかどうか又は非営利の教育を目的とするかどう

は、どのような場合にフェアユースになるかという要件はほとんど記述していません[3]。個別的制限規定であれば、基本的に要件を定めその要件に当てはまるとセーフになるわけですが、フェアユースではそのようなことはない、つまりこれこれの場合は必ずセーフになるというしくみではないわけです[2]。そこで、私は、これをバッファと呼んでみたいと思ったわけですが、アウトとセーフの間に緩衝地帯を設けていると考えるわけです。これは三分論ということになります（図5.2）。先にあげた二分論でいくと、具体的事件に当てはめる場合に窮屈になりすぎる、具体的事件において考慮に入れるべき事情は多岐に渡るがこれを記述しきることはできない、という思想が根本にあるのだと思います。

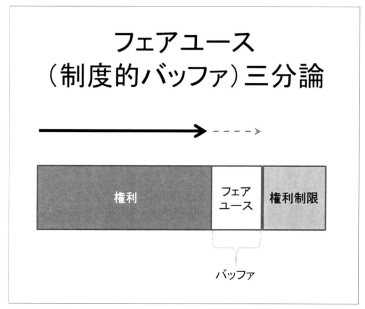

図5.2 フェアユース（制度的バッファ）三分論

5.2 はるかに重要な価値

少し話題を変えまして、1963年に起きたケネディ大統領の暗殺に関して、歴史家のトンプソンという人が『ダラスの6秒』というシリアスな本を書きました。そして、暗殺現場の写真を引用したいと思って著作権者にライセンスを請うたのですが、拒否されたので、スケッチを本に

かの別を含む）（2）著作物の性質　（3）著作物全体との関連において、使用された部分の量及び実質性　（4）著作物の潜在的市場又は価値に対する使用の影響。作品が未公表であるという事実は、上記全要素を考慮した上認定される限り、それ自体で公正使用の認定を妨げるものではない。

3. アメリカ流のフェアユースでなくとも、一般的な制限規定であればよい。斉藤博教授はフェアユースには賛成しないが、ベルヌ条約の9条2項のスリー・ステップ・テストのような一般的権利制限規定は容認されている（斎藤博「著作権法概説」142頁）。それはそれで結構であるが、スリー・ステップ・テストのほうがむしろ抽象度が高く、指針としてはいっそう不明確にも思われる。
4. 立法資料をあげておく。H.R.REP. NO. n94-1476, at 65-74（1976）― We believe it would be undesirable to adopt a special rule placing the burden of proof on one side or the other. When the facts as to what use was made of a work have been presented, the issue as to whether it is a "fair use" is a question of law. Statutory presumptions or burden of proof provisions could work a radical change in the meaning and effect of the doctrine of fair use. The intent of section 107 is to give statutory affirmation to the present judicial doctrine, not to change it. どちらにも立証責任を課さない、と述べている。

掲載して発行したところ、著作権侵害で訴えられました（図5.3）。これはフェアユース規定が107条に明文化される1976年法以前の事件ですが[5]、裁判所は次のように述べてフェアユースを認めました。すなわち「ケネディ大統領の殺害について有用なすべての情報をもつという公益（public interest）がある。被告はこの主題について真剣な仕事をしたし、公衆が考慮するに値する理論を持っている。……原告への害は仮にあっても些少である。原告と被告の間には何の競合もない」と。表現の自由、知る権利を尊重したものだと考えられます。このような場合を個別制限規定で書こうとすると、被告が真剣な仕事をしたか、とか、公衆が考慮するに値する理論をもっているか、とかを要件にするのでしょうか。とうてい要件を書ききれないと思います。

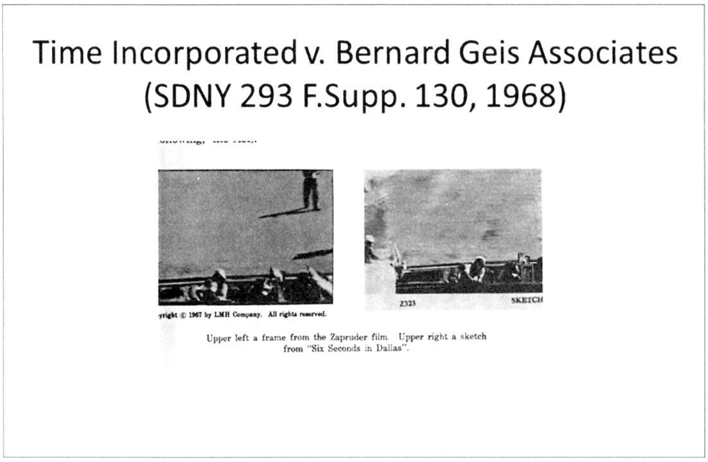

図5.3 Time Incorporated v. Bernard Geis Associates（S.D.N.Y. 293 F.Supp. 130, 1968）

もう1つ、これは侵害が認められた事件ですが、（ネタネル教授の好きな事件ですが）アラン・クランストンという、後に上院議員になり、大統領候補にもなった人が第二次世界大戦前にヨーロッパで特派員をしていたころ、ヒットラーの『わが闘争』が出版されました（図5.4）。この本は、ご存知の通り、人種主義的な発想の強いものでしたが、アメリカで翻訳権を取得して英語版を発行していた人は、このような不適当な点を省略したりして出版していました。つまり真実を伝えていなかったわけです。クランストンはヒットラーの思想を正しくアメリカ国民に伝えるために、大事な部分だけ正しい訳を作り、無断で出版しました。この事件[6]では、フェアユースが議論されているわけではありませんが、著作権事件が公益に大きくかかわる場合もあるという例としてお話しました。

このような例において、著作権という財産権の価値をはるかに超えるような別の価値がある

---

[5] Time Incorporated v. Bernard Geis Associates, 293 F.Supp. 130（S.D.N.Y. 1968）。事実関係は次の通り。ザップルーダーというダラスの仕立屋がたまたまケネディのパレードを8ミリで撮っていた。そのフレームをライフ・タイム社が買い取った。被告は『ダラスの6秒』という暗殺に関するまじめな研究書を書いた。写真を使いたいと何度もタイム社に頼んだが、自社以外使わせないと断られた。被告はスケッチを掲載した。なお、Sid & Marty Krofft Television Prods., Inc. v. McDonald's Corp., 562 F.2d 1157（9th Cir. 1977）では、この判決を"the first amendment"（表現の自由）が考慮されていると評している（原告のテレビ映画を侵害するコマーシャルをマクドナルドが放映した。この判決自体は、表現の自由は、アイデア・表現二分法で処理されている、とした）。
[6] Houghton Mifflin Co. v. Noram Pub. Co. Inc., 28 F.Supp. 676（S.D.N.Y. 1939）。ただし、この事件では裁判所は差し止めを認めた。

図5.4 Houghton Mifflin Co. v. Noram Pub. Co. Inc., 28 F.Supp. 676 (S.D.N.Y. 1939)

わけですが、日本の個別的制限規定で正しく問題を扱えるでしょうか。

さて、著作権事件では、このように知る権利とか情報の自由流通という重要な公益にかかわる場合がありますが、それ以外にも、さまざまな状況、事実関係において公正な社会的利益の実現が要請される場合が多々あります。つまり、著作物の性質や、利用の目的、形態を考慮に入れるべき場合が数多くあると思います。

フェアユースが登場する場面は、ネットワークやコンピューターだけの話ではありませんし、パロディだけが残っている、といった話でもありません。

5.3　日本法の場合――バッファ

そこで日本の話ですが、実は日本においても、権利と制限規定の間に条理とか常識とかのバッファがあった（またはある）のではないか、ということを主張してみたいと思います（図5.5）。つまり、もともと完全な二分法を取っていたわけではない、ということです。先ほど中山先生が「グレイゾーン」とおっしゃったことと同じでしょうが、「グレイ」というのは少し汚れたイメージがありますので、「バッファ」という言葉を使いたいと思います。

日本ではフェアユースのような一般的制限規定がないために、別の理屈でセーフにした事例というのは相当数あると考えます。たとえば、雪月花事件[7]（図5.6）とか、はたらくじどうしゃ

---

[7] 雪月花事件（東京地裁平成11年10月27日判決（判時1701号157ページ））。裁判所は書の性質上「複製」に当たらないとしたが、掛け軸の役割、パンフレットにおける利用法などから、侵害を否定すべき事案であったと思われる。

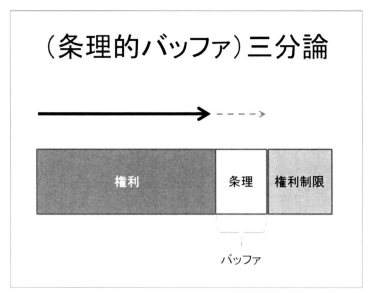

図5.5 （条理的バッファ）三分論

事件[8]（図5.7）、そのほかにもゲートボールのルールブック[9]や、中古ゲームソフト事件[10]、船荷証券事件[11]、著作権判例百選事件[12]もあげていいかと思います。

　また、フェアユースのような一般的規定があればセーフになった可能性がある事件もかなりあると思います。たとえば、雑誌廃刊文事件[13]とか、ウォール・ストリート・ジャーナル事件[14]とかが、それです。

　これらの事件のそれぞれにおいて、その事件特有の考慮要素というものがあり、それをすくい上げられれば妥当な結論を導きやすいと考えるわけです。

---

8. はたらくじどうしゃ事件（東京地裁平成13年7月25日）。この事案では、46条により侵害を認めなかったが、バスの絵が原著作物でなかったら文言上は同条では救えないことになる。しかし、写真に撮ったバスに描かれた絵が複製であった場合には侵害になる、という理由は見出しがたい。したがって、結論はもとより妥当だが、理屈は苦しいように思われる。
9. ゲートボール規則書事件（東京地裁八王子支部昭和59年2月10日）。裁判所は直接の依拠がないことから侵害を否定した。しかし、依拠は間接的なもので足りるはずである。ゲームはルールの共通性がなければ成り立たない。この事件では分派争いが真の原因であるが、ルールが同じなら（分派活動をしないなら）侵害とはならず、少し変えると侵害となる、というのはおかしい。著作権の本来の利用法ではないといえる。
10. 中古ゲームソフト事件（最判平成14年4月25日）。アメリカ法では、107条のフェアユースの規定に続いて、108条以下で個別的制限規定を設けているが、消尽（first sale）は、このなかの109条として規定されている。なお、512条のセーフハーバーの規定も個別的制限規定といってよいだろう。
11. 船荷証券事件（東京地裁昭和40年8月31日）。裁判所は、将来なす意思表示にすぎない、ということから著作物性を否定しているが、証券や契約書などに独占を許すと、その性質上、社会生活がきわめて不便になる、ということが最も重要な要素と思われる。
12. 著作権判例百選事件（保全抗告知財高裁平成28年11月11日）。事実認定の問題として債権者を著作者と認めなかった。しかし、このような書物は、時代の流れにより、重要な判例も、執筆者も、少しずつ変化していく性質のものだろう。そのような著作物の性質こそ、考慮に入れられるべき重要な要素である。
13. 雑誌廃刊文事件（東京地裁平成7年12月18日判決（判時1567号126ページ））。雑誌というものは、時々の世相を反映する指標として重要な意義をもつ。その創刊から廃刊までの経過や廃刊の理由を端的に示す廃刊文は、したがって、きわめて重要な歴史的事実そのものだと思われる。著作権者としては、廃刊文を著作物として利用する意図があったわけではなく、感情を逆なでされたことへの意趣返しをしているように思われる。そのような気持ちよりこの本の価値のほうが比較すべくもないほど守られるべきであったと思われる。
14. ウォール・ストリート・ジャーナル事件（東京高裁平成6年10月日判決。知的裁集26巻3号1151ページ）。フェアユースの準用は否定された。アメリカの裁判所では、グーグルのネットから集めたモデルの写真の事件（Perfect 10, Inc. v. Google, Inc. 508 F.3d 1146（9th Cir. 2007）やグーグルブックス事件（The Authors Guild, Inc. v. Google Inc. S.D.N.Y., No.05-8136（11/14/2013）certiorari denied.）においてフェアユースを認めているが、本件もそこで価値あるものと認められている検索的利用に当たると思われる。

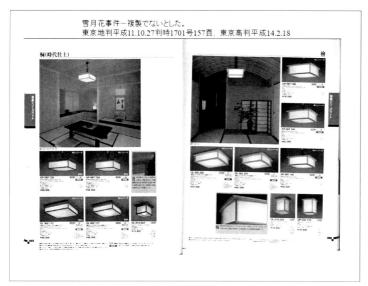

図 5.6 雪月花事件。複製でないとした。東京地判平成 11.10.27 判時 1701 号 157 ページ、東京高判平成 14.2.18。

図 5.7 はたらくじどうしゃ事件。公開の美術（46条）とした。東京地判平成 13.7.25 判時 1758 号 137 ページ。

5.4　2018年改正の功罪

ところで、今回の改正を含め、個別的権利制限規定を増やすことにより、どういうことにな

るのかをまとめてみます（図5.8）。この図は、はじめの二分論と変わらないように見えるかもしれませんが、少し権利制限規定が広くなっていると思います。

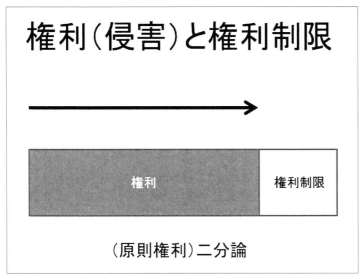

図5.8　権利（侵害）と権利制限

　ここで、このような個別的制限規定を設けることの功罪を考えてみますと、まずメリットとしては、当該行為の適法性が明確化されるということがあげられます。

　しかし、デメリットないし批判としては、以下の点が指摘できます。

1．たとえば享受ではない利用[15]というのは、今までも「すでに実際に行われていた」し、「訴訟等問題化されたこともなかった」ものではないか、と思います。つまり、条理のバッファの範囲内で処理されていたものではないか。あるいは、（島並先生がすでに指摘されましたが）「商標的利用ではない」といういい方にならって「著作物的利用ではない」と述べれば足りるようなものだったのではないかと思います。

2．権利制限規定が整備されるほど、制限規定に列挙されていない行為は禁止されるとみなされやすくなっていくように思われます[16]。つまり、バッファがなくなっていくように思います。

3．また、制限規定は制限的になりやすいということも指摘しておきたいと思います。たとえば、雪月花事件の後、付随的利用という30条の2が設けられましたが、雪月花事件のように著作物をもち込んだ場合には「分離することが困難」とはいえないため、この制限規定が設けられた後は侵害になりそうです。

4．考慮に入れるべき要素は事案によりさまざまであるし[17]、事案により微妙な違いも出てく

---

15. 非享受的利用は、今回の改正の説明資料によっても「権利者の利益を通常害さないと評価できる行為類型」とされている。
16. 権利制限規定を設けると、フェアユースの範囲を狭めるのではないか、という懸念がアメリカにもあった。サービスプロバイダーに関するセーフハーバー規定である512条は、「他の抗弁に影響しない」と明記している。
17. プログラムや応用美術について、実用目的による制限を述べている判例は多い。これも考慮要素について述べているといえよう。日本では関心が低いが、独禁法的な配慮が必要な場合もある。たとえばプログラムにおけるユーザーロックインとか、（APIのような）プログラマーロックインなどである。

るので、これを適切に書き切ることはできません。少なくとも立法化は常に遅れることになります。

5. バッファのないしくみは非常に窮屈であるし、たくさんの個別的制限規定は煩雑だと思います。

結局のところ、一般的制限規定を設けたうえで、個別的制限規定を設けたほうがよいような場合は、それを設ける、というのがいい形だと考えております。

第6章　英米法との比較

6.1　アメリカのフェアユースとの比較、市場の観点から（潮海久雄）

6.1.1　はじめに

　私からは、アメリカのフェアユースとの比較と市場の観点から、現行著作権法と今回の改正について、コメントを申し上げたいと思います。これからお話しすることは、おおよそ以前執筆しました論文・教科書に書いてありますので、ご興味があればお読みください（節末の「■参考文献」を参照）。

6.1.2　現行著作権法への違和感

　ことの発端は、現行著作権法に対する違和感です。著作権法を守ろうとすればするほど、国民全員、企業全体が侵害者になってしまう点です。個別制限規定はありますが、反対解釈されて、個別制限規定の要件をはずれる行為や、個別制限規定にない行為はすべて侵害とされてしまいます。個別制限規定が適用され自由とされている行為すら、業として関与すれば原則に戻って侵害に、また、大量複製では著作権者の不利益が大きいとして原則に戻って侵害となり、支分権に当たる行為であれば、ほとんど全部侵害になってしまうのが現状です。

　もう1つ、わが国の著作権法について違和感をもつのは、著作権者と媒介者は、協力すれば著作物も普及し、著作権者に利益も還流して、win-winの関係になるはずなのに、著作権者は媒介者を原則侵害主体として排除ばかりして、著作権者と媒介者がlose-loseの関係になっている点です（図6.1）[1]。

6.1.3　異常な初期設定の現行著作権法

　以上を図示しますと、わが国の現行著作権法は、一言でいえば、本来全部侵害という異常な初期設定になっています。つまり、複製権・公衆送信権などの支分権に当たる行為をすれば、1億数千万人・企業が原則総侵害者になります。著作権侵害の刑事罰は有体物の窃盗罪より重い（10年以下千万円以下）ことを考えますと、総犯罪者になっているとさえいえます。

　また、支分権はさまざまな使用行為（たとえば読む行為）に不可欠な行為（ダウンロードによる複製など）も含みます。大量デジタルの創作・使用行為には利用行為（たとえば複製）が必要なので、支分権が及ぶ範囲は、実質上、使用行為の前提となる行為にも広がっていきます。

---

1. 書籍化に伴い、図は大幅にカットしたので、シンポジウム当日の発表スライドについてはGLOCOMのホームページを参照されたい。http://www.glocom.ac.jp/wp-content/uploads/2018/08/20180828_Shiomi.pdf

> **一　現行著作権法への違和感1**
> ① 著作権者と媒介者は協力すべき(win-win)のはずが、媒介者を原則侵害主体にしてlose-loseに。
> 　Ⅰ　著作権者(著作物を創作する役割)と媒介者(利用・流通で著作物を普及させる役割)が協力すれば、著作物も普及するし収益もあがるはず。
> 　　　　媒介者(Platform)(プロバイダ、テレビ転送サービス、クラウド業者)
>
> 著作権者　　　　　　　　　　　　ユーザー
> (TV、新聞、レコード会社)
> 【cf. ソニー裁判(1984)でフェアユースで非侵害としたことにより、映画会社の流通・市場が拡大】
> 　Ⅱ　しかし、最判([ロクラクⅡ]、[まねきTV])は媒介者を侵害主体と判示＝媒介者に対しては、私的複製などの制限規定を考慮しない。
> →日本のプラットフォームは成立せず、著作物も普及しないし市場も拡大しない。

図6.1　一　現行著作権法への違和感

　媒介者には、最高裁判例により個別制限規定が適用されず、支分権に当たる行為(の枢要行為)をすれば、原則侵害主体となります(図6.2)。

> **二　現行法：異常な初期設定1**
> ①複製権・公衆送信権(支分権)に係る行為をすれば、1億人・企業が原則総侵害者(＋刑事罰)＋支分権はさまざまな行為・使用に不可欠な行為も含む一般条項＋媒介者は原則侵害主体([ロクラクⅡ][まねきTV]最判)＝制限規定を考慮しない。
> ←使用(読む・聞く・見る)は非侵害。でも大量デジタルの創作・使用・発信に利用行為(複製・公衆送信)必要＝創作・公表に利用・発信、使用にも複製(DL)等が不可欠。

図6.2　二　現行法：異常な初期設定

　したがって、著作物の利用・流通に関する市場は、著作物の当初の利用目的以外の市場(たとえば、クラウドなどの事業、アンドロイドなど)、つまり、著作物作成後の将来の市場での利用はすべて侵害となります。グーグルのアンドロイドでJavaのAPI(Application programming interface)[2]を利用した行為に対して、オラクルが著作権侵害にもとづき損害賠償を請求しましたが、APIの著作物性が認められ、かつ、フェアユースが適用されず、最高裁に上告しているようです。このように、著作物が世界中に爆発的に成立し、しかも著作物は権利者の公示もなく、創作後100年以上も存続している状況ですので、すなおに考えれば、一般的制限規定(フェアユース)が必要不可欠です。

　それに加えて、技術・市場は激変し、著作物をめぐる利益状況も大きく変化しているので、個

---

2. 自己のソフトウェアの一部を公開して、他のソフトウェアと機能を共有できるようにしたインターフェイスの仕様であり、Javaというプログラミング言語の提供する機能や言語処理系に付属する標準ライブラリのもつ機能を呼び出すための規約などを含む。

別制限規定を定めてもそれが唯一の社会的に最適な均衡とは限りません。したがって、法で事前に明確に境界を定められませんので、技術・市場の変動に対応して、その境界の幅をもたせるべきです。その証拠に、個別制限規定とは別のさまざまな自生規範が発達しています。自生規範の例として、権利者側よりの情報契約[3]、サブスクリプション（subscription）[4]、利用者側よりのオプトアウト（optout方式）[5]が発達しています。

　1976年にアメリカ著作権法にフェアユースが簡単に立法されたように見えますが、それが可能であったのは、アメリカの1976年法以前の1841年のフォルサム判決ですでにフェアユースの必要性が指摘されていたからです。つまり、1976年の時点で、1841年から見て、著作物、支分権が急激に拡大し、保護期間も延長されていたため、フェアユースの必要性がより切実なものとして認識されたからです。

　これに対して、日本では、著作物が爆発的に成立しようが、保護期間が長くなろうが、支分権が実質拡大しようが、著作権は既得権でそのまま拡大され、支分権に係る行為をすれば全部侵害で、それを制限するなら個別制限規定だけという状態になっています。

6.1.4　個別制限規定の立法による侵害部分の拡大・明確化

　現行著作権法の立場は、個別制限規定が立法されても、それ以外の部分は原則侵害のまま、つまり本来全部侵害で、個別制限規定を創設すれば自由に利用できる部分が増えると考えています。しかし、一般市民は、30条柱書は、私的複製はセーフと規定しているので、デジタルの著作物もセーフだろうという感覚をもっています。したがって、個別制限規定がなければそのような一般市民の感覚で解釈できるのに、個別制限規定が増えるほどそのような解釈ができず、逆に、侵害部分が明確に増えています（図6.3）。

```
二　現行法への批判1
①新しい個別制限規定はそれ以外の部分も侵害を推定。
 Ⅰ　一般人の感覚
　　［黒塗り］

　30条本文は私的複製非侵害なので、デジタルでも非侵害だろう。この個別制限規定
がなければ、翻案権侵害で本質的特徴を感得できない非侵害、他の個別制限規定の
類推非侵害、で自由利用だろうという感覚⇒しかし、個別制限規定を創設すると、反
対解釈されて、一般人の感覚より侵害部分が多く、侵害部分が増えたと感じる。
 Ⅱ　立法者の立場
　　［黒塗り］

本来全部侵害→個別制限規定（著作権者側からみて著作権を制限）創設すれば、自
由な部分が増える。
```

図6.3　二　現行法への批判1

3　シュリンクラップライセンスやクリック・オン・ライセンスなど、ソフトウェアや、デジタルコンテンツの売買や視聴サービスにおいて約款のように用いられる契約で、著作権者とユーザー間の権利関係を規律し、実際に使用した（見る、聴く、読む）量・回数・時間に応じて課金する形態が多い。
4　定額音楽配信サービス（Spotify）など、商品・サービスの提供に対してではなく、利用する権利を付与することに対して、利用期間に応じて対価を支払う方式を指し、定額制の場合が多い。
5　著作権法上のオプトインの原則のもとでは、利用者側が著作権者に対して著作権者の利用許諾を求めることが原則である。これに対して、オプトアウト制度では、著作権者側が利用者に利用許諾しないことを通告（notice）しない限り、原則として、利用者は著作権者から使用許諾を得ることなしに著作物を利用できる方式を指す。

さらに、立法者は、個別制限規定がそれ以外の行為を侵害と推定しているため、個別制限規定を設けて重なるほど、それ以外の部分は、侵害とされ、侵害部分が増えていきます。たとえば、私的複製の例外（30条）以外の企業複製は侵害と推定されますが、せっかく現47条の7（情報解析目的）を設けても、情報解析する主体が企業であれば、企業複製で侵害とされるおそれがあります（図6.4）。

図6.4　二　現行法への批判1-1

　あるデータサイエンティストに、著作権法で情報解析について個別制限規定があるといいましたら、情報解析目的だったら本当に著作物を原則利用できるのでしょうかと聞かれました。それに対して、いやいや現行法の47条の7（情報解析）では、リバースエンジニアリング（RE）[6]はアウトだし、必要範囲を超えたらアウトだし、大量複製などで著作権者の利益を不当に害すれば侵害だし、試験・研究目的など他の目的ももっていれば侵害ですよと、規定の文言と立法趣旨に忠実に伝えました。すると、サイエンティストがこれまで常識的にやってきたことなのに、わざわざ現行法47条の7（情報解析）を創設してもらっても少しもありがたくない、むしろ迷惑だといわれました（図6.5）。

6.1.5　市場拡大による侵害部分の拡大

　このような一般人の意識と現行法の差は、図6.6に示しました市場拡大を考慮すると、ますます大きくなってきており、現行著作権法では、拡大したデジタル市場は自由利用できなくなってしまっています。

　このように、どの市場で著作物を利用できるかという点から見て、わが国の個別制限規定や今回導入された柔軟な権利制限規定と、アメリカのフェアユースとはまったく異なっております。特に、アメリカのフェアユースは抗弁のように機能しておらず、キャンベル最高裁判決などは、著作権者の将来の市場に与えることの立証責任を、事実上著作権者側に転換しており[7]、著作物

---

6. 他社のソフトウェアの動作を解析するなどして、使用や設計などの技術情報を明らかにすること。
7. 節末参考文献：潮海（信山社、2017）、194・195ページ参照。

```
二 現行法への批判1-2
→①´´個別制限規定を設けるほど、侵害部分が明確になり増えるというパラドックス。
Ⅰ 一般人の感覚
 ［黒塗り］

 公開された著作物は情報解析目的で原則利用できるはず（データサイエンティスト）。
Ⅱ 立法者の立場
 ［黒塗り］

 現47条の7でネット上の著作物は計算機利用による情報解析目的で利用可（でもRE侵害、必要範囲超えたら侵害、著作権者の不当利益侵害、試験・研究目的は侵害）。
←サイエンティストがこれまで常識でやってきたこと。現47条の7を創設してもらっても少しもありがたくなく、むしろ迷惑：反対解釈して、個別制限規定創設により、要件を満たさない部分は明確に侵害部分が増えたと感じる。
```

図6.5 二 現行法への批判1-2

```
二 現行法への批判1-3
→①´´個別制限規定を設けるほど、侵害部分が明確になり増える（市場拡大を考慮するとその差が拡大）。
A 静的な市場
Ⅰ 一般人
Ⅱ 立法者
B 市場拡大を考慮すると
Ⅰ 一般人：★拡大するネット、デジタル市場は自由利用できない？
 ［黒塗り］

Ⅱ 著作権法
 ［黒塗り］
```

図6.6 二 現行法への批判1-3

の当初利用目的以外の市場、将来市場は原則自由とされています。それは、将来の技術革新・市場拡大や表現の自由も考慮して――たとえば、グーグルブックスも書籍を丸ごとコピーしているわけで、著作権侵害の最たるものですが――、別目的・別市場としてフェアユースが適用されています（図6.7）。

```
二 現行法への批判1-4
→①´´´ 結果として、アメリカのフェアユース(FU)とまったく異なる。
Ⅰ 個別制限規定（本来すべて100年近く侵害という前提。個別制限以外の利用目的の市場、将来の市場が拡大してもすべて侵害が前提）
 ［黒塗り］

Ⅱ 柔軟な制限規定（10年前からの常識、既に定着し独占されてる市場を自由にしただけ。本来すべて100年近く侵害、個別制限以外の利用目的は侵害のまま）
 ［黒塗り］

Ⅲ （米）FUは、大量複製でも、著作物の当初利用目的以外の市場、将来市場は原則自由（抗弁でなく立証責任転換）∵将来の技術革新・市場の拡大＋表現の自由も考慮 e.g. Google Booksは書籍まるごとコピーだが別目的・別市場としてFU
 ［黒塗り］
```

図6.7 二 現行法への批判1-4

以上から導かれる現行法への批判の中心は、将来のビジネス・市場は原則侵害で利用できないというのでは、第四次産業革命と真逆のことをしている点です。これに対して、アメリカのフェアユースは、将来の市場に対して、原則として介入しません。これでは、わが国の媒介者（企業）にとって、データがかかわる技術開発・普及に圧倒的に不利であり、この状況が継続しています。

　その典型例がクラウドで、著作権法だけで五重苦です。一般の人は、データを個人のPCのハードディスクからクラウドに移しただけで私的複製、非侵害だろうと思いますが、文化庁のクラウド報告書によると、クラウド利用については、著作権の侵害主体の問題で原則侵害、私的複製30条の1項1号、2号、3号、2項の文言上は侵害、企業がユーザーなら侵害、情報契約があれば侵害（しかも有体物の侵害より重い刑事罰）、さらに報酬請求を支払う必要があるとなると、これでどうやってクラウドを普及させるのでしょうか。

　さらに、先ほども述べましたように、市場拡大・利用行為の拡大に伴って支分権の及ぶ実質的な範囲が日々拡大しています。著作物や著作権の範囲の拡大によって、私たちの犯罪行為が日々急速に増えていくことこそが予測不可能で、そちらのほうが、立法事実があるかどうかの検証が日々必要なのではないか、と思います。個別制限規定も市場拡大により、実質上、侵害部分が増えるので、同じことがいえます。

6.1.6　平成30年著作権法改正の特徴

　このような閉塞状況のなかでなされた平成30年著作権法改正の特徴は2つあり、1つは一般企業へのアンケートで需要を探り、個別制限規定を創設する方式、もう1つは、上野先生がおっしゃった通り、個別制限規定を個別・具体的に、段階的に創設する階層方式です。

　後者の階層方式は、立法趣旨によりますと、スリーステップテスト（ベルヌ条約）と同じで、「著作権者の利益を不当に害さない限り」という要件があり、著作物の通常の利用を妨げない場合です。立法趣旨によると、第一層、第二層は公益に関しないので柔軟に解釈できるとのことですが、私の考え方は逆で、公益を考慮できない私益同士の争いと性格づけているので、「著作権者の利益を不当に害さない限り」を厳格に解し、侵害とする方向に解釈されると考えます。

6.1.7　柔軟な制限規定への批判

　まず、新30条の4を読んでみました。しかしその内容はわかりにくく、著作権分科会報告書を拝見して立法の考え方がわかりました。その分科会報告書の元になった青山社中の報告書と、国会答弁を見てやっとその問題点がわかりました。文言は長くわかりにくく、将来何ができるかわからないが、事前に要望を出す必要があり、加えて原則全部侵害の現行法では、将来、何か新しいことをあまりできなさそうです。また、ガイドラインを設ければ、結局、個別制限規定を設けているのと同じです。明らかに侵害でない例か、明らかに侵害の例しかあげることができず、ボーダラインの行為は委縮効果でできないことになりそうです。これに対して、フェアユースは短くわかりやすい。将来何ができるかわからないが、判例を見る限り、新たな市

場は原則自由なので、いろいろできそうです。

　今回の改正のもう1つの特徴は、企業や市民がアンケートで立法の事前に要望を提出する必要がある点ですが、これは企業や市民の負担を極大化するものです。なぜ10年前から一般人・企業がやっていることについて、いちいち文化庁にお伺いを立てる必要があるのか、それも立法してくれるのかはほぼ著作権関係者だけでしか判断してくれず、だいたい個別制限規定は立法されないのに、と思います。いつから著作権法は立法の事前要望申請をしなければならなくなったのか、これがずっと続くのかと。YouTubeやニコニコ動画は、当初かなり侵害部分があって、このような事前要望を申請しなければならなかったなら、すぐそこでダメになったでしょう。また、グーグルブックスもそうですが、スピードおよび秘匿性が重要な将来のビジネス・市場は、個別制限規定の反対解釈で不可になってしまいます。これは、支分権に係る行為をすればすべて侵害と推定する現行法の考え方に起因しています。そういう意味でフェアユースのある外国企業と比べて、わが国企業の競争条件は圧倒的に不利といえます。

　また、改正法の第1の特徴である階層方式のもとでの新30条の4第2号（情報解析）ですが、AI開発目的の情報解析の用に供する画像等を利用してもよい、という状況を念頭においているようです。しかし、電機メーカーや通信会社などがAIを使ったサービス・事業（たとえば、医療サービス、音声認識サービスなど）で行う、情報解析の用に供する大量の写真・音声はアウトなのか。当然事業目的も含むので、侵害と解釈されるおそれが十分あります。また、立法趣旨では、スリーステップテストと同じであり、かつ、第一層、第二層では公益を考慮しないとのことですので、「著作権者の利益を不当に害さない限り」という要件が、侵害を認める方向に解釈されます。

　話を戻し、AI開発目的の情報解析ですが、データベースなど従前契約で処理されてきたものはそのまま侵害との立法趣旨ですので、これまで契約処理されてきた新聞、出版物、映像なども無断利用はそのまま侵害と解釈するのがすなおです。とりわけ、機械学習（AI）の場合は、何万という大量のデータを読み取り、大量変換します。特に、スリーステップテストという立法趣旨のもとで、35条1項の、人に教育する場合と同様に解釈すれば、ビッグデータの利用は権利者の利益を不当に害し、原則侵害と解釈されるだろうと思います。

　そもそも、検索サービスや情報解析等で利用を認めるためには、階層方式における第一層・第二層でも、公益、たとえば、情報化社会で一般人が著作物にアクセスする利益なども考慮すべきと思います。電子図書館やネット検索などもなぜ認められたかというと、国民の知る権利に資する公益だから認められたのであって、第一層・第二層も公益を認めるべきだと思います。また、一般企業も、先ほどの医療サービスや新しい事業など、社会的に意義のあることをしようとして著作物を利用しているので、企業がやっていることはおよそ公益ではないというのは、筋違いではないかと思います。

6.1.8　なぜ理解・評価の差が生じるのか

　では、なぜこんなに理解・評価の差が生じるのでしょうか。おそらく現行著作権法ばかり勉

強していると、日本の現行著作権法を当たり前と思ってしまうからでしょう。アメリカのフェアユースについても、私たち日本の研究者は、アメリカの判例研究すらせずに、立法文言の字面の体裁ばかり議論してきました。むしろ、増田雅史さんや石新智規さんなど弁護士の方々のほうが一生懸命勉強されて、理解されている状況です。このままだとますますわが国の著作権法は個別制限規定だらけ、侵害部分だらけになってしまいます。私も一応論文を書きましたので、若い研究者、他分野の研究者による検証・批判・発展を希望します。

また、著作権者は、著作権法に期待しすぎではないかと思います。今まで個別制限規定をいくら立法しても、支分権を増やしても、媒介者をたたいても、著作権者への利益はむしろ減少する、というのはある意味当たり前です。なぜならネットを含むメディアや娯楽の拡大で、これを需要する私たち私人・企業の時間・お金は分散されるからです。また、著作権者に支分権が増えても、複製・流通・利用されない（広めない）と著作権者には収入が入ってきません。強い著作権者も、収益を増やすためには、著作物の流通・利用の媒介者と協力するか、自ら媒介者の地位に立つべきなのに、媒介者を排除してばかりで、自ら媒介者の地位になることを放棄しており、利益が還流しないのは、ある意味仕方ないのではと思います。

これに対して、アメリカの著作権法の歴史は、著作権（とその自然拡大）を当然の既得権として捉えず、1976年の段階でフェアユースにより自然拡大に対してバランスを取っており、侵害主体も一律排除せず、健全な法発展であると私は思います。

6.1.9 立法者へのエール

立法者へのエールです。

まず、フェアユースの立法を必要とする新しい立法事実が、この10年でいろいろ出てきたことを考慮していただきたいと思います。現行法は支分権に当たる行為をすれば原則侵害で、とてもではないが第四次産業革命は起こりえない。著作物・支分権に当たる行為が日々拡大し不明確となり、市場拡大を考慮すると、個別制限規定は侵害部分を実質増やしています。海外の著作権企業から訴えられて1兆円請求されても誰も守ってくれない。個々の事業に事前の個別制限規定の要望を事前に提出することを義務づけるのは、立法されないことがほとんどであることを考えますと、企業にとって大きな負担です。媒介者も原則侵害主体で著作権制限規定が適用されず、フェアユースのある外国企業に比べ、技術開発・普及の点で圧倒的に不利です。このままでは、著作権者は権利のメニューだけ増えて利益は還流せず、利用者は個別制限規定をびくびく利用するか現行法を無視し、著作物の市場も広まらず、社会全体にとってもよくない状態になってしまうでしょう。

また、まがりなりにも、今回の改正で、思想の非享受目的の利用、という抽象的な一般条項に近いものを立法できたわけです。今ごろではなく10年前の、市場（たとえば、検索市場、グーグルブックス）が未発達の段階で立法できたはずです。また、〔美術鑑定書〕知財高裁判決（知財高判平成22年10月13日判決）は、引用規定（32条）の文言を無視してまで、フェアユースのような要件で判断をしており、司法からもフェアユースの立法の強い要請があると思われます。

6.1.10 まとめ

現行日本の著作権法の、日本企業、市民すべて原則侵害者という初期設定は異常で、やはりアメリカのように、フェアユースを前提とした初期設定でバランスを取るべきだと思います。アメリカのフェアユースは、創作目的外の市場、将来の市場を原則自由とするもので、「すべて原則侵害」が前提の日本の個別制限規定とはまったく異なります。特に、著作権侵害の範囲が爆発的に拡大しているので、第四次産業革命を目指すならフェアユースは最低限の要請ではないかとすら思います。

結論として、フェアユース規定は、個別制限規定の目的以外の市場、将来市場の開拓、技術発展、表現の自由などのため必要だし、そのように意義づけるべきだと思います。

■参考文献
- 潮海久雄「私的複製の現代的意義―私的録音録画補償金制度からライセンスモデルへ―」、『著作権研究』40号（有斐閣、2015年）、69～109ページ。
  : 私的複製は著作権者の損害が少ないからという消極的理由だけでなく、著作物を広め、著作物の市場を拡大する役割を果たしている。
- 駒田・潮海・山根『知的財産法Ⅱ 著作権法』（有斐閣ストゥディア）（2016年）。：著作権制限規定、侵害主体・救済のコラム。
- 潮海久雄「大量デジタル情報の利活用におけるフェアユース規定の役割の拡大」、中山信弘・金子敏哉編『しなやかな著作権制度に向けて：コンテンツと著作権法の役割』（信山社、2017年）、183～257ページ。
  : アメリカのフェアユース（立法趣旨、プログラムのSSO・プラットフォーム（侵害主体）・クラウド・グーグルブックス・グーグルニュースの判例研究、私的録音録画補償金の失敗、集中管理団体の成功と失敗例、各論点の欧州との比較）

6.2 イギリス、カナダのフェアディーリングとの比較（谷川和幸）

6.2.1 フェアディーリング規定とは

今回の改正に関して、フェアユースと皆さんはおっしゃっているわけですが、個人的にはフェアディーリング規定なのかなと思っております。フェアディーリング（Fair dealing）とは、イギリス法やカナダ法に規定されている権利制限規定の立法形式で、たとえば次のようなものです[8]。

イギリス著作権法第29条（1）

---

[8] イギリス法については29条（1）だけを掲げているが、29条（1C）（私的学習目的）、30条（1）（批評・評論目的）、30条（2）（時事の報道目的）、30A条（1）（パロディ等目的）および32条（教育における説明目的）もフェアディーリング規定である。カナダ法にも同様に、29条のほか、29.1条（批評・評論目的）および29.2条（報道目的）がある。

・非商業目的の研究を目的とする著作物の公正利用（Fair dealing）は、十分な出所表示を伴う限り、著作権の侵害とならない。

カナダ著作権法第29条
研究、私的学習、教育、パロディ又は風刺を目的とする公正利用（Fair dealing）は著作権の侵害とならない。

ここで傍点を付したように、利用目的の限定がある点がフェアディーリングの特徴となっています。つまり、目的要件と公正（フェア）要件の2段階で判断されます。アメリカ法のフェアユースの条文にも目的について述べている部分がありますが、これはあくまでも例示でして、そこに書かれた目的に限定されるということではありません。利用目的はフェアかどうかの判断要素の1つとして考慮されるにすぎません。つまり、アメリカ法はフェアかどうかをいきなり判断する1段階の構造になっています。これに対して、イギリス法やカナダ法のフェアディーリングは2段階ですので、第1段階である目的要件をクリアして初めて、フェア要件の判断に進むことができるわけです。

6.2.2　新30条の4とフェアディーリング

今回の30条の4もそういう条文になっていまして、非享受目的というのがまず入っていて、非享受目的と認められて初めて必要性や著作権者の利益を不当に害しないかといったフェア要件が問題になってくる構造ですので、これはフェアユースというよりはフェアディーリングの2段階構造の規定だろうという認識をしております[9]。

このようなフェアディーリング型の規定にとっての課題は、1段階目の目的要件のほうで絞ってしまうと、2段階目のフェア要件の判断まで進まない、目的のところで門前払いされてしまうという点にあります。

実際、カナダではかつてそのような問題がありました。著作権法というのは著作権者の保護が中心だから、例外規定は限定的に解釈しましょうということで、フェアディーリングの目的要件を狭く解釈していた時代があったのです[10]。

ところが、2000年以降考え方が変わってきまして、フェアディーリングにもとづいて著作物を利用する利用者の利益にも配慮しなければならないということで、かなり目的要件のほうを広げて解釈をするようになっています。2004年の最高裁判決では、フェアディーリング規定は著作権法の不可欠の部分であって、利用者の権利（user's right）であるとまで述べて、それま

---

9. 32条1項（引用）も同様の構造であるし、東京地判平成13年7月25日判時1758号137頁（「はたらくじどうしゃ」）における46条柱書と4号の関係も、同様の2段階構造になっている。
10. パロディの規定が存在しなかった当時、パロディは「批評・評論」に含まれないとしたミシュラン判決（Michelin v. Caw.（1997）2 FC 306）や、他人の研究のために文献を複写する図書館職員の行為は「研究」目的を満たさないとしたCCH事件一審判決（CCH Canadian Ltd. v. Law Society of Upper Canada,（2000）2 FC 451）など。以下に登場する最高裁判決も含めて、詳細は谷川和幸「カナダ著作権法における『利用者の権利』としての著作権制限規定」、『情報法制研究』4号（2018年）、57ページを参照。

での限定的な解釈態度を批判しています[11]。

このような拡大傾向はその後も続いていまして、たとえば2012年の最高裁判決で問題となったのは次のような事案です。

アップルのiTunesストアなどで音楽ファイルを購入する際に、ユーザーが購入前に30秒から90秒程度ストリーミング試聴できるプレビュー機能があります。音楽ファイルのダウンロード販売に関してはもちろん許諾を得ていたわけですが、このプレビューについては許諾がなかったようです。そこで権利者団体がプレビューの部分についても対価の支払いを求めることができるのかということが争われました。上掲のフェアディーリング規定の29条にいう「研究」目的を満たすかということが争点です。普通に考えればユーザーの試聴が「研究」だとはなかなかいいにくそうですが、最高裁はそこでいう「研究」の意味をかなり広く解釈して、ユーザーがどの曲を購入すべきかを事前に調査をするのは研究に値するとして、目的要件をクリアすると判断しました[12]。もちろんその次には第2段階のフェアの判断が待っているわけですが、とにもかくにも門前払いされることなく第1段階を突破できたわけです（ちなみに第2段階の判断の結果、フェアであるとされ、プレビューの提供はフェアディーリングに該当し、支払い義務なしとされました）。

6.2.3 新30条の4とパロディ

カナダの例が示すように、フェアディーリング規定の目的要件を限定的に読むのか、拡張的に読むのか。これが今後30条の4の解釈において1つの大きな課題になってくると思います。先ほど上野先生がおっしゃった通り、「夢のある」規定で、将来いろいろなことが入ってくる可能性を秘めているわけですが、個人的には、今日の話でまだ出ていない視点として、パロディはどうだろうかということを考えています。もちろん立法経緯としてはパロディのことなんて考えずに作った規定なのでしょうが、30条の4の「当該著作物に表現された思想又は感情を自ら享受し又は他人に享受させることを目的としない場合」という文言は、パロディ目的の場合にも当てはまるのではないかと思うわけです。

パロディの場合、表現としては共通性があるにせよ、パロディすることによって、新たな違う世界観、違うメッセージ、違う思想や感情を表現します。このことによって、原著作物の表現に込められていた思想・感情とはまったく違うような世界観の思想・感情を表現するわけです。そういうパロディがもしかしたら30条の4に入ってくるのではないかということを考えています。

実際、パロディ・モンタージュ事件の第一次控訴審判決[13]では、「〔本件モンタージュ写真には〕本件写真の主要部分たる雪山の景観がそのまま利用されているけれども、作品上、これに

---

11. CCH Canadian Ltd. v. Law Society of Upper Canada,（2004）1 S.C.R. 339, 2004 SCC 13. 山口いつ子「表現の自由と著作権——AI時代の「ユーザーライツ」概念とそのチェック機能」、「論究ジュリスト」25号（2018年）、61ページ。
12. Society of Composers, Authors and Music Publishers of Canada v. Bell Canada,（2012）2 SCR 326, 2012 SCC 36.
13. 東京高判昭和51年5月19日無体集8巻1号200ページ。

巨大なタイヤの映像を組合わせることによつて、一挙に虚構の世界が出現し、そのため、本件写真に表現された思想、感情自体が風刺、揶揄の対象に転換されてしまつていることが看取される（本件モンタージュ写真が本件写真の思想、感情を全く改変してしまつていることは被控訴人自身の認めるところである。）」（傍点は引用者）と述べられています。これは、もはや「当該著作物に表現された思想又は感情」の享受ではない、という意味なのではないでしょうか。

　先ほど潮海先生から、わが国ではフェアユースの研究が十分になされていないという耳の痛いご指摘がありましたが、フェアディーリングに関してはなおさらそうです。フェアかどうかの第2段階の議論もさることながら、いかにしてそこまで進ませるか、第1段階で門前払いをさせないか。そのような観点から、第1段階の目的要件の解釈態度に関するイギリスやカナダの判例・議論について、わが国でも今後、もっと参照していく必要があると考えています[14]。

---

14. イギリス法における目的要件の解釈態度に関しては、ジョナサン・グリフィス（今村哲也訳）「英国著作権法における公正利用——その原則と問題——」、『知財年報 2006』（商事法務、2006 年）、272 ページを参照。

第7章 パネルディスカッションを終えて（石新智規）

7.1 はじめに

いわゆる柔軟な権利制限規定をめぐるパネルディスカッションには、上野達弘（早稲田大学）、潮海久雄（筑波大学）、島並良（神戸大学）、椙山敬士（弁護士）、谷川和幸（福岡大学）の各先生に参加いただいた。

各先生のご見解については各章に委ねますが、今回の柔軟な権利制限規定の導入それ自体に反対する意見はなく、この改正で十分なのか否かという点で論者の間に相違があったように思われます。

以下、パネルディスカッションを踏まえ、柔軟な権利制限規定の意義と課題について、当日あった質疑応答を含め、簡単にまとめておきたいと思います。

7.2 改正著作権法30条の4の柔軟な解釈――楽曲利用の事例

今回の改正の目玉の1つは、「非享受目的利用」（改正著作権法30条の4）が許諾なくできるという点です。「享受」という文言について著作権法には定義が設けられていませんが、国会答弁によれば、「著作物等の視聴を通じ」、「視聴者等の知的又は精神的欲求を満たすという効用を得ることに向けられた行為であるか否かという観点から判断される」とされています。

具体的に国会審議において審議された事例を取りあげてみます。

楽器の開発のために試験的に曲を演奏する場合、主たる目的は楽器の開発であって、きれいに演奏された内容を聴くという行為は、演奏によって思想・感情を享受するものにならないのでしょうか。

政府答弁では、非享受目的の利用か否かは最終的に司法の場での具体的な判断となるとの留保のもと、「行為者の主観のみが考慮されるのではなくて、実際の利用行為の態様や利用に至る経緯などの客観的、外形的な状況も含めて総合的に考慮されるもの」[1]である旨が回答されており、客観的・外形的に「試験として行われた」と評価できるものであれば、その過程において、仮に社内のなかの多数に聞かせるものであっても「享受目的利用」とは評価されないと考えられます。審議中、主たる目的が楽器の開発の場合に、その演奏を聴いていい曲だと思ったら、一転して「享受」目的になるのではないかという懸念が議員から示されていましたが、政府答

---

1. 196回国会衆議院文部科学委員会議録第5号（平成30年4月6日）3ページ、小林茂樹議員の質問に対する政府答弁。http://kokkai.ndl.go.jp/SENTAKU/syugiin/196/0096/19604060096005.pdf

弁によれば、行為の主観、客観的状況・外形的状況を踏まえて、行為が享受に向けられている以上、非享受目的の利用であって、結果として受け手が享受する意識をもっても、翻って当該行為の性質が変わるものではないと考えられます。

なお、伝統工芸品の複製に適した特殊な和紙を開発するために、著作権のある美術品を試験的に複製するという事例における、和紙に実際に複製をする、または金箔を施す行為について、政府答弁は、「通常、インクや金箔の見え方や耐久度など、開発対象の和紙が求められる機能、性能を満たすものであるか否かを確認することを専ら目的として行われるものである」として、原則として「享受目的利用」ではないとしていますが、「もっとも、享受の目的の有無の判断に当たりましては、著作物の利用の態様等も考慮されるものと考えておりますので、その和紙の機能、性能の確認のための試験に社会通念上必要な範囲を超えて著作物の利用を行うような場合、この享受を目的としているとの評価がなされる可能性もあるということには留意が必要」[2]であるとも回答しています。やはり、享受の実態が客観的に強いものですと、そもそも享受に向けられた行為であると評価される可能性が高いことには注意が必要です。

技術開発事例ですと、技術開発という主たる目的が明確であり、政府答弁のように、結果として演奏を楽しむという状況が生まれるとしても享受に向けられた利用ではないという評価を得やすいと思います。

では、現在、裁判でも係争中である音楽教室で生徒が練習のために楽曲を用いるという事例における楽曲の演奏利用は、享受に向けられた利用ではないといえるでしょうか。

登壇者の間でもさまざまな意見が聞かれました。私は、音楽教室における楽曲の利用目的は、楽曲を奏でて楽しむということではなく、あくまで演奏技術の開発・向上することが主たる目的であると評価でき、その目的のために楽曲利用が向けられている以上、非享受目的利用であると解釈することは十分に可能であると思います。

谷川先生は、目的要件が抽象化されているので、積極的に広げる方向で解釈してもよいものの、仮に目的要件をクリアしたとしても、そのあとの利益を不当に害するかどうかというところで引っかかってくる（要件を満たさない）可能性がある旨を指摘されています。

また、社交ダンス教室の最終的な目的はダンス技術の向上であって、そのために踊る際に耳で楽曲を聴くという中間的な享受形態が入っていると考えることができるが、社交ダンス教室で踊るために楽曲を用いることが演奏権侵害とされている[3]こととのバランス上、享受という観点から音楽教室も許容されないと判断される可能性について島並先生から補足がありました。

音楽教室の事例が、享受目的利用にあたるのか、すなわち、主たる目的が著作物等の視聴を通じて精神的な欲求を満たすものといえるかどうかの司法判断は、その他の類似事例にも大きく影響を与えるとともに、享受目的利用を限定的に解釈することで、同条の適用範囲が非常に広いものとなる可能性も秘めています。今後の裁判の動向が注目されます。

---

2. 196回国会参議院文教科学委員会会議録第9号（平成30年5月17日）6ページ、佐々木さやか議員の質問に対する政府答弁。http://kokkai.ndl.go.jp/SENTAKU/sangiin/196/0061/19605170061009.pdf

3. 名古屋地判平16・2・7判時1840号126ページ（社交ダンス教室事件）。

7.3　改正法47条の5の柔軟な解釈──書籍検索サービスの事例

　47条の5は、Google 社が提供するいわゆるグーグルブックスとの関連で、日本においても書籍検索サービスが可能になるという点で大きな意義を有するといわれるものです。

　実際にグーグルブックス判決をお読みになった方にはご理解いただけると思いますが、公益的な側面があるという理由でフェアユースであると単純に認められたわけではなく、①グーグルブックスサービスにおいて対象著作物が選別されている（レシピや俳句は対象から外れている）、②1つの著作物についてキーワードを変更して何度検索しても絶対に表示されない部分が存在している（すべてのスニペット（編者補足：検索結果の一部として表示される該当ウェブページの要約文のこと）を合体しても著作物全体を見ることができない）、③グーグルが有する高度なセキュリティ技術が施されていてデジタルデータが不当に流出するリスクが低い、④グーグルブックスが社会に利益をもたらしているといった、サービスをめぐる種々な具体的事情を総合考慮してフェアユースであるとされました[4]。

　47条の5は、軽微な利用という要件と著作権者を不当に害しないという2つの要件で、書籍検索サービスの可否を判断する立て付けになっています。政府答弁によれば、前者の「軽微」利用は形式的な判断をするとのことですので、後者の「著作権者の利益を不当に害しない」という要件にさまざまな要素を読み込んで判断する余地がありそうです。米国の裁判例で考慮された事情を裁判所がこの要件に読み込むことができるように思われます。

　また、政府答弁によれば、47条の5は、「形式的には、所在検索や情報解析の結果とともに著作物が表示されるサービスであ」っても、「その表示等が一般的に利用者の有している当該著作物の視聴にかかわる欲求を充足することになって、そのオリジナルの著作物等の視聴に係る市場に悪影響が及ぶような場合」、「いわばコンテンツ提供サービスと評されるような場合につ」いては、「本条の権利制限の対象とな」りません。政府の答弁内容は、米国において現代のフェアユースの解釈を支えるトランスフォーマティブユース（変容的利用）法理と呼ばれるものと同じ考え方です。

　47条の5の各要件の司法による解釈において、変容的利用法理と軌を一にする同条の立法趣旨を踏まえ、妥当な結論を導くことが期待されます。

　なお、「軽微」などの抽象度の高い要件について、ガイドラインの策定が有効な場面があることは確かですが、政府答弁でも指摘されている通り、「法の画一的な運用を促し、法の柔軟な運用をかえって阻害するという場合」もありえます。

　また、シンポジウム冒頭で中山先生からも官製ガイドラインの弊害が指摘されました。仮にガイドラインの類のものを作るのであれば、官に頼ることなく、民間の立場から提言し、議論を深めていく必要があります。

---

[4] Authors Guild., et al., v. Google, Inc.（2d Cir.2015）。

7.4　柔軟な制限規定の積極的な運用と不断の検証

　シンポジウムでは、潮海先生から、現行著作権法が許諾のない利用を原則として権利侵害とするデフォルトを採用する一方、一般的な権利制限規定がないために生じる委縮効果という、現行レジームに対する一般的な懸念が表明されました。

　また、過去の著作権裁判例を見ても、権利侵害と個別的権利制限の二分論ではなく、その間に条理によって許容されるバッファを裁判所が認めてきたとして、従来から認められているバッファを一般的な権利制限規定という形で正面から認める必要があるのではないかという問題提起が椙山先生からなされました。

　そして、質疑応答で島並先生がコメントされていたように、現時点ではニーズがないものの、将来のある時点で生じるような予期できない事態に備え、裁判所が迅速かつ柔軟に対応するための道具を用意しておくべきではないか、という点の議論はまだ残るように思われます。

　今回の改正は、一般的な権利制限規定が日本に適合しないことを前提に、権利制限を三層に分けて考察し、第二層に位置づけられる権利制限には柔軟性をもたせるものの、第三層に位置づけられる制限について立法による権利制限規定を要するものです。

　平野博文議員（平成24年改正時の文部科学大臣）は、国会の審議において、このような改正では不十分であると指摘されています。すなわち、同議員は、「わが国において、新たな利用方法、サービスの創出に、この法律があるために委縮するということが生じるということは、私は、将来に対して課題を残すことになるんだろうと思います。したがって、権利者の権利を不当に侵害しない範囲であれば、利用者の予測可能性を担保するために、逆に、明確な一般規定を置かれたらいかがなものか、こういうふうに実は私は考えておるわけであります。一方、今回の条文は、あくまでもニーズが顕在化するものをもって審議にかけて法令化しているものでありますが、こういう、私が今申し上げたような視点から見れば、チャレンジングしていく、新しいサービスに挑戦するベンチャーを生むようなものにはやはりまだほど遠いんだろう、こういうふうに思います」[5]と述べておられます。

　さらに、以下にご紹介する質疑応答における各先生の回答のなかでも、一般的な権利制限規定について言及されていることから、今後の課題として再び浮上することもあると思います。

　裁判所による司法解釈や新たな政令の指定を通じて新たな権利制限規定を十分に使いこなす一方、権利と利用のバランスが十分に図られているかを常に検証し、必要であれば、一般的な権利制限規定の導入があらためて検討されるべきでしょう。

7.5　質疑応答

Q1. インターネット上の公開物は自由にすべきだという考え方は、著作権者からすると杜撰

---

5. 第196回国会衆議院文部科学委員会議録第6号（平成30年4月11日）27ページ、平野博文議員の発言。http://kokkai.ndl.go.jp/SENTAKU/syugiin/196/0096/19604110096006.pdf

な考え方ではないでしょうか。インターネットの現状において、著作権者の利益をどのように守っていけばよいのかについても考えていかなければならないと思います。そのあたりはいかがでしょうか。

潮海：先ほど、改正法30条の4のところで述べました、データサイエンティストの方は、大学の先生で、機械学習（AI）の研究をなさっております。その先生は、普段、ネットなどからデータを自由に取って利用し、どうしてもというときは契約によってデータを取得して、著作権法のことをあまり気にしていなかったと思います。そのような状況でこのような規制ができたとなると、著作権法の立法者からしたら本来すべて侵害のところを一部自由にしてあげたという趣旨でしょうが、研究者にとってはむしろ個別制限規定をはずれた部分、つまりどのような場合が利用できないかのほうが気になります。たとえば、情報解析目的以外の目的も含んでいるとダメとか、リバースエンジニアリングはダメとか、データベースから取ってきたり、大量のデータを取ってきたりして解析するのは、著作者の利益を不当に害する場合に当たるのでダメなどの点です。そのように私が、現行法47条の7（情報解析）のすなおな解釈を伝えたところ、その研究者の方は、それは困る、個別制限規定といいながらかえってダメな領域が明確に広くなって大迷惑といった感じでした。

　このあたりが研究者や一般人と、著作権法の立法者との大きな意識の差だと思います。今回の改正での30条の4についても、「著作権者の不当な利益を侵害しない限り」の要件があり、ベルヌ条約のスリーステップテストと同趣旨とのことですし、かつ、情報へのアクセスの自由などの公益も考慮しませんし、データベースなど従前契約で処理した取り扱いは引き継がれるとのことですので、ビッグデータをバンバン情報解析していったら、十分侵害のおそれがあります。したがって、その委縮効果は、アメリカのフェアユースの場合よりかなり大きいと思います。アメリカのフェアユースの場合は、著作物の当初利用と異なる利用目的であれば原則大丈夫だという判例法の蓄積があるので、ある程度自信をもって行えますが、30条の4ではそれができないわけです。

　委縮効果の結果、どうなるかというと、わが国の著作物は情報解析等の目的で利用されなくなり、その市場はすべて外国企業に奪われ、結果的に著作権者は日本市場での利用による利益を得られません。あるいは、あまりに一般人の意識から離れた、厳しい個別制限規定ばかり創設すると、たとえば30条の4などは無視する方向にいくのではないかと思います。つまり、現行法のように、原則全部侵害として、あまりにも著作権侵害をきびしく取り締まってしまうと、利用者は守らなくなり、著作物の当初利用目的分の利用ですら、利益が著作権者に還流しなくなります。著作権者からしてみると居直りかもしれませんが、いくら著作権法をきびしくしても、媒介者によって著作物が利用・流通しなければ市場は拡大しませんし、著作権者が利益を得られる見込みも小さいので、市場を拡大するという意味からもフェアユースが必要ではないかと思います。

Q2. 島並先生の講演で、知財法学への影響のなかで立法化の条件についていろいろ問題点を指摘されていました。本来的利用以外にも認められる必要がある可能性が出てくるのではないかという点、損害と権利侵害判断の順序が逆であるという点などは、おっしゃる通りだと思いましたが、日本法ではどのような正当化理由を立法の要件にするのが一番よいと考えておられますか。

島並：どのような要件を充足すると著作権侵害になるか、または著作権が制限されるかという判断を、そもそも採らなくてもよいというのがフェアユース規定導入論者である私の考えです。このような要件で権利制限すべしと事前にわかっているのであれば、その旨の個別規定を置けばいいのであって、それがわからない場合でも利用が許される場面があると思えるための規定が、権利制限の一般条項だと思っています。ここで、当該著作物利用が公正かどうかは、諸要素の総合考慮で判断される、つまり、著作物を巡る社会のあり方といった抽象的なレベルから、自分自身の著作物利用の目的のような具体的なレベルに至るまで、さまざまな事情を総合考慮するとしかいえません。それが一般条項の意味だと考えています。

Q3. グーグルブックスの件です。日本で可能になるかどうかに関して、国会では「軽微」というのは外形的な要素だけで決めるという答弁を文化庁の次長がされ、その際に、行為の公益性などは考慮しないとはっきりいっていました。グーグルブックス事件では、サービスの公共性がフェアユース認定の決め手になりました。それからもう1つは、享受目的も国会答弁で享受目的以外の目的があったとしても、享受目的が少しでもあれば該当すると。かなり厳格に、おそらく柔軟な規定を設けて際限なく緩やかになってしまうと困るという配慮から答弁されたのだと思いますが、こうしたきびしい解釈では、フェアユースをバックに新サービスを提供する米国勢に日本市場まで制圧されてしまう、悪循環を断ち切れないような気がしますが、そのような解釈についてはどのようにお考えですか。

上野：47条の5で述べられている「軽微」というのは、「権利者に及び得る不利益が軽微な行為類型」といわれる第二層におけるように、権利者の利益や不利益が軽微であることというのと同じものではありません。47条の5に書かれている「軽微」とは、利用者の「利用」の程度のことを意味しており、権利者の利益や不利益が「軽微」かどうかを問題にしたものではないので、その意味でどちらかといえば形式的な判断といえます。つまり、同条における「軽微」というのは、権利者に与える利益が「軽微」かどうかにした条文ではないものと理解しています。

　また、2点目の30条の4における「非享受」ですが、「自ら享受し又は他人に享受させることを目的としない場合」と規定されている以上、ユーザーに享受させる目的が少しでもあれば、この規定は適用されないということであって、これは30条の4の限界といえるかもしれませんが、最初から享受させる目的が少しでもあると、やはり「権利者の利益を通常害さない」とはいえないので、対象外になるのは致し方ないかと思います。

Q4. 著作権法の話ですが、学生からよくある質問です。アメリカではフェアユースがあるからグーグルなどの検索エンジンがどんどん発展していき、その後日本でも検索サービスの開発の促進がされたと思いますが、なぜそのあとグーグル、ヤフーといったサービスが生まれてこなかったのでしょうか。ルール形成や産業を発展させるしくみなど、そのようなレシピはあるのでしょうか。

潮海：文化庁の報告書の基礎となる立法事実についてのアンケートなどの法社会学的な調査を行ったとされる、青山社中の報告書は、はっきりいって、日本企業の技術がダメだったから、2000年以降事業者が、日本ではなく、アメリカの検索サービスに切り替えたと書かれています。

しかし、より大きな根本原因は、当時の競争条件がアメリカに比べて日本企業にとって圧倒的に不利だったからではないでしょうか。つまり、アメリカのフェアユースで、グーグルでしたらデータをどんどん利用できる状況と、日本法での原則著作権侵害、当時は今よりもっと全部侵害という状況では、技術開発も競争条件も、日本企業にとって圧倒的に不利です。しかも、その不利な状況が今もなお続いています。著作権法によるこの競争条件の格差は、2000年当時のサーチエンジンもそうですが、それ以降もあらゆる著作物を含むデータ処理技術、たとえば、iPod、機械学習（AI）の開発、AIによるビジネスモデルの開発などについてもずっと続いています。特にネットやAI技術の場合は、技術を普及させることとデータの自由な利用が必要です。日本の著作権法のように原則著作権侵害のところでビクビクしながら、技術の普及やデータの自由な利用が進むとは考えられません。日本の企業がダメというよりも、競争条件が圧倒的に不利なので、競争の機会をより平等にすべきだと思います。

椙山：私の考えは基本的に潮海先生と同じですが、グーグルに事実上圧倒的に先行されてしまったので、他の企業は追いつけなかったと思います。

Q5. 今回の改正について夢が広がる部分もあるというコメントが上野先生、谷川先生からありました。冒頭、一般規定というのは利用する者が戦わないといけない、官制ガイドラインが発表されたらそれに従うのではいけない、と中山先生から檄が飛んだように思われます。しかし、実際にはそれはなかなか難しい。今回の改正をきっかけに何かうまく前進できるような兆しはあるのでしょうか。

上野：確かに柔軟な規定ができたわけですけれども、これで新しいビジネスにチャレンジできるかというと、なかなかきびしいという意識が前提にあるのかと思います。だからこそ、立法過程においていろいろなアンケート調査を行ったときに、一般規定よりも個別規定のほうがいいんだ、という返答が多かったわけなのです。

一般規定は権利制限の範囲が広く、個別規定は権利制限の範囲が小さいというのは誤解だと思います。たとえば、個別規定で、教育目的ならどんな利用でも許される、営利目的でも許さ

れると書いたら、形式的には個別規定ですが、権利制限の範囲はとても広いのです。一般規定か個別規定かというのは、柔軟か、明確かの違いにすぎないのであって、広いか狭いかとは直結しません。一般規定というのは、広くなるか狭くなるかわからないものをいうわけです。ですから、現行法47条の7（改正法30条の4第2号）はすでにきわめて広い規定です。先ほど潮海先生から厳格な規定が多いという話もありましたが、47条の7に関していえば、私が知る限り、これほど明確で広範な権利制限規定をもっている国はありません。つまり、同条のもとでは、営利目的でもAIの開発のために著作物をどんな大量でも使えるということですから、これはすでに大変有用な規定だろうと思います。

　今回の改正は、既存の権利制限規定を明示的に拡大した部分があるので、それを活用することが考えられますし、これをもっと一般にアピールしていく必要があると思っています。もちろん、今後も個別的な権利制限規定が必要だということであれば、第三層というところで新しい個別規定を主張していくことが必要ですし、第二層のところでも、今年のニーズの募集はもう終わってしまいましたが、そこでもさらに主張していく必要があると思います。ただし、このようなやり方ではどうしても後追いになるのではないかという問題はやはりあるので、より柔軟な一般規定として、権利制限規定の末尾に最終的な「受け皿規定」みたいなものがあってもいいのではないかという点は、将来的な課題として残っているとは思っております。

付録　改正著作権法はAI・IoT時代に対応できるのか？（城所岩生）

本稿はシンポジウムでの発表をベースにしている第7章までと異なり、シンポジウムにあわせてGLOCOMのHPにアップした、付録末参考文献「城所岩生（2018-1）」をベースにしている。

A.1　はじめに

改正著作権法が2018年の通常国会で成立し、2019年1月から施行された。今回の改正の最大の目玉は「デジタル化・ネットワーク化の進展に対応した柔軟な権利制限規定の整備」である。しかし、新設される柔軟な権利制限規定によって合法化されるサービスのほとんどは、米国ではかなり以前から合法化されている（表A.1）。

表A.1　新技術・新サービス関連サービス合法化の日米比較（注：* 他人のコンピュータープログラムを解析して新たなプログラムの開発を行うこと。** 裁判例から推定した。*** 原告はグーグルだけでなく、グーグルに蔵書を貸してスキャンさせた図書館も訴えたが、こちらも2014年に第2控裁がフェアユース判決を下した）

サービス名	米国でのサービス開始	米国でのフェアユース判決	日本での合法化（施行年）＝　サービス可能化
リバースエンジニアリング*	1970年代**	1992年	2019年
論文剽窃検証サービス	1998年	2009年	2019年
書籍検索サービス	2004年	2015年***	2019年
（参考）画像検索サービス	1990年代**	2003年	2010年
（参考）文書検索サービス	1990年	2006年	2010年

この差をもたらすのが著作権法の権利制限規定である。著作権法は著作物の保護と利用とのバランスを図ることを目的としている。著作物の利用には著作権者の許可を要求して保護する一方、許可がなくても利用できる権利制限規定を設けて利用者に配慮している。わが国の著作権法はこの権利制限規定を私的使用、引用など1つひとつ具体的な事例をあげている。

対して、アメリカではどの事例にも使える権利制限の一般規定あるいは包括規定としてフェアユース規定を採用している。フェアユース規定とは、利用目的が公正（フェア）であれば、著作者の許可がなくても著作物を利用できる規定のこと。フェアな利用であるかどうかは、「利用目的」「利用される著作物の市場に与える影響（市場を奪わないか）」などの4要素を総合的に見たうえで判断する。合法化されないとサービスを開始できない日本と比較すると、合法化時点で平均して10年近く、サービス開始時点では平均20年以上の差がついたことになる。

ここで注目すべきは、個別規定方式では権利制限規定が設けられて合法化されるまではサービスが提供できないのに対して、一般規定方式ではフェアユースが認められると判断すれば、

見切り発車でサービスを開始できる点である。権利者から訴えられて、フェアユースの抗弁が認められないリスクを取ることになるが、フェアユースの主張が認められれば、勝者総取り（Winners Take All）のネットビジネスの世界、先行者リターンも大きい。このため、表A.1の通り、先行企業はフェアユース判決が確定する約10年前にはサービスを開始している。

個別規定方式ではIoT・ビッグデータ・人工知能などの技術革新による「第四次産業革命」の時代に追いつけないとの指摘があったため、環境変化に対応した著作物利用の円滑化を図り、新しいイノベーションを促進するため、知的財産推進計画2016が「柔軟性のある権利制限規定」についての検討を提案。これを受けて文化庁が検討した柔軟な権利制限規定を盛り込んだ著作権法改正案が国会で承認された。

本稿では、この改正著作権法で、はたしてAI・IoT時代に追いついていけるのかを検証したい。

A.2 米国の新技術・新サービス関連判決

A.2.1 フェアユース規定

米国著作権法第107条はフェアユースについて、次のように定める[1]。

> ……批評、解説、ニュース報道、教授（教室における複数のコピーを作成する行為を含む）、研究または調査等を目的とする著作権のある著作物のフェアユースは、著作権の侵害とならない。著作物の利用がフェアユースとなるか否かを判断する場合に考慮すべき要素は、以下のものを含む。
> (1) 利用の目的および性質（利用が商業性を有するかまたは非営利的教育目的を含む）
> (2) 著作権のある著作物の性質
> (3) 著作権のある著作物全体との関連における利用された部分の量および実質性
> (4) 著作権のある著作物の潜在的市場または価値に対する利用の影響

「批評、解説、ニュース報道、教授、研究または調査等を目的とする」とあるように、「等」が入っているので、これらの目的以外でも以下の4要素を考慮して、フェアユースに当たると判定されれば、著作権者の許諾なしに利用できる。

4要素のなかでも米国の裁判所が重視するのが、(1) 利用の目的および性質と (4) 著作権のある著作物の潜在的市場または価値に対する利用の影響、いい換えると、原著作物の市場を奪うか否かである。米最高裁の代表的な著作権判例に1984年のソニー判決がある。ビデオ録画機ベータマックスを販売した米ソニーを映画会社が訴えた。米国には日本の著作権法第30条に相当する、私的複製を認める個別の権利制限規定はない。このため、ソニーはVTR購入者が昼間のテレビ番組を録画しておいて夜視聴する、つまり「タイムシフティング」（視聴時間の移動）するためなので、フェアユースに当たるとした主張した。1984年、米最高裁はこれを認める判

---

[1] 47 U.S.C. § 107。

決を下した[2]。

ソニー判決は第1要素の判定にあたっては、条文のカッコ内にある「利用が商業性を有するか」を重視した。1994年、米最高裁はロイ・オービソンの"Oh, Pretty Woman"をラップ化したPretty Womanの著作権侵害が争われたキャンベル事件で、作品が変容的（transformative）であれば、商業的など他の要因の重要性は軽減されるとして、第1要素の判定でフェアユースに有利とし、残る3要素も加えた総合判定でフェアユースを認定した[3]。この判決はパロディにフェアユースを認める判決だったが、営利目的でも原作品を変容していれば、いい換えれば、「別の作品」になっていれば侵害を認めない方向に、その後の判例の流れを変えた画期的な判決で、新技術・新サービスにとっても追い風となる判決だった。

A.2.2 新技術・新サービス関連の判決

フェアユースが認められた判決は、表A.1でも紹介したが、認められなかった判決も含め、判決年順にまとめたのが、表A.2である。それぞれの判決については、付録末参考文献「城所岩生（2018-1）」を参照されたい。

表A.2 米国の新技術・新サービス関連サービスに対するフェアユース判決（注：＊他人のコンピュータープログラムを解析して新たなプログラムの開発を行うこと）

判決年	サービス	結論
1992年	リバースエンジニアリング＊	○
2003年	画像検索サービス	○
2006年	文書検索サービス	○
2009年	論文剽窃検証サービス	○
2014年	書籍検索サービス（グーグルに蔵書を貸してスキャンさせた図書館に対する訴訟）	○
2015年	書籍検索サービス（グーグル対する訴訟）	○
2018年	番組検索サービス	×

○：フェアユース認定、×：フェアユース否認

A.3 改正著作権法の柔軟な権利制限規定

A.3.1 鳥瞰図

図A.1は、「柔軟な権利制限規定」を提言した知財戦略2016の元になった知的財産戦略本部次世代知財システム検討委員会報告書（2016年4月）からの抜粋である。今回の改正で実現した

2.Sony Corp. v. Universal Studios Inc., 464 U.S. 417 (1984)。
3.Campbell v. Acuff-Rose Music, Inc., 510 U.S. 569 (1994)。

のは、一番右の「著作物の表現を享受しない利用」なので、今回の改正の特徴および米国のフェアユースとの相違が一目でわかる。改正法は現行法の個別権利制限規定を統合しつつ、柔軟な権利制限規定を3つの条文に落とし込んだ。以下、それらの条文を紹介するとともに、解釈上生ずる疑問を提起する。条文は3つとも長いが、ポイントを把握すれば本稿の目的は達せられるので、いずれも文化庁の説明資料にある「条文の骨子」を紹介する[4]。

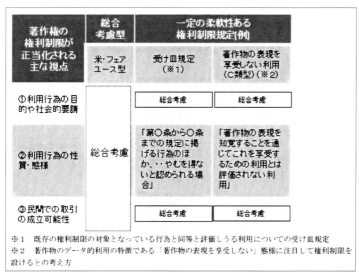

図 A.1　権利制限の柔軟性の選択肢（出典：知的財産戦略本部次世代知財システム検討委員会報告書、2016年4月。https://www.kantei.go.jp/jp/singi/titeki2/tyousakai/kensho_hyoka_kikaku/2016/jisedai_tizai/hokokusho.pdf）

A.3.2　第30条の4

A.3.2.1　条文

> 著作物に表現された思想又は感情の享受を目的としない利用（新30条の4）
> 【条文の骨子】
> 　著作物は、次に掲げる場合その他の当該著作物に表現された思想又は感情を自ら享受し又は他人に享受させることを目的としない場合には、その必要と認められる限度において、いずれの方法によるかを問わず、利用することができる。ただし、著作権者の利益を不当に害する場合はこの限りでない。
> ①　著作物利用に係る技術開発・実用化の試験
> ②　情報解析
> ③　①②のほか、人の知覚による認識を伴わない利用

この規定によって可能になるサービスの具体例として、リバースエンジニアリングがあげら

---

[4] http://www.bunka.go.jp/seisaku/chosakuken/hokaisei/h30_hokaisei/pdf/r1406693_02.pdf

れている。表A.1および上述の「A.2.2　新技術・新サービス関連の判決」の通り、米国でフェアユースが認められてから26年経過してやっと合法化されるわけである。

ただし書きの「著作権者の利益を不当に害するような場合」は米国でもフェアユースは認められないが、柱書の「著作物に表現された思想又は感情の享受を目的としない」という縛りについては、イノベーションを阻害するおそれがあり、国会審議でも複数の議員から質問された。

小野田紀美議員（自民党）は、「主たる目的が享受でなければ、享受を伴ったとしても適法か？」と質問。これに対して、政府参考人（中岡司文化庁次長）は、「第30の4は、享受の目的がないことを権利制限の要件としているため、主たる目的が享受のほかにあったとしても、同時に享受の目的もあるような場合には同条の適用はない」と回答したので、享受の目的が少しでもあれば違法ということになる[5]。

この解釈はイノベーションを阻害するおそれはないだろうか。将来どんなイノベーションが起こるかは予測できないため、具体例をあげることは難しいが、イノベーションに直接関係しない分野で、裁判で争われている事例があるので紹介する。

A.3.2.2　「享受目的」が争点となっている裁判

2017年2月、JASRACは音楽教室から使用料を徴収する方針を発表。音楽教室側は「音楽教育を守る会」を結成し、6月にはJASRACに請求権がないとする訴えを起こした。現在係争中のこの訴訟の詳細については別稿に譲るが[6]、ここでは3つある争点のうち享受目的に関係する2つの争点について簡単に紹介する。

1つ目は「公衆に聞かせる目的の演奏」について著作権者の承諾なしに公に演奏できないとする演奏権（著作権法第22条）についての主張。音楽教育を守る会は「音楽著作物の価値は人に感動を与えるところにあるが、音楽教室での教師の演奏、生徒の演奏いずれも音楽を通じて聞き手に官能的な感動を与えることを目的とする演奏ではなく、『聞かせることを目的』とはしていない」と主張する。JASRACは「音楽教室の生徒の演奏も、自分や先生に聞かせるもので、演奏権は働く」と反論する。これが、「思想又は感情を自ら享受し又は他人に享受させることを目的としない場合」に当たるかどうかが問題となる。国会での審議では、上記「A.3.2.1　条文」で述べた通り、「主たる目的が享受でなければ、享受を伴ったとしても適法か？」との質問に対して、中岡司文化庁次長は「第30の4は、享受の目的がないことを権利制限の要件としているため、主たる目的が享受のほかにあったとしても、同時に享受の目的もあるような場合には同条の適用はない」と回答した。

このため、享受目的が少しでもあれば、著作物を利用できないことになる。しかし、この"享受目的"というのは抽象的な表現なので、国会審議でも議論が交わされた。衆議院では小林茂樹議員（自由民主党）が、参議院では佐々木さやか議員（公明党）が、いずれも具体的な事例を

---

5. 第196回国会「参議院文教科学委員会議事録」第9号（平成30年5月17日）2ページ。http://kokkai.ndl.go.jp/SENTAKU/sangiin/196/0061/19605170061009.pdf
6. 付録末参考文献：城所岩生（2018-2）、第3章、第8章。

あげて、「こういう場合は享受目的といえるのか？」と質問した。これに対し、中岡次長は「最終的には司法判断になるが、」と断ったうえで回答した[7,8]。このように裁判所の判断に任される余地が出てきたことは、音楽教育を守る会にとっては朗報である。

法令には"法の不遡及"という一般原則がある。これは法令の効力はその法の施行時以前には遡って適用されないという原則である。音楽教育を守る会は使用料を徴収する権利がないと主張しているが、JASRACは権利があるとして、契約に応じた教室からは2018年4月からすでに徴収を開始している。改正法が適用されるのは2019年1月からなので、JASRACの主張通り徴収する権利があるとなると、音楽教室に支払い義務は発生している。

ただ、音楽教育を守る会は「著作権法は、形式的にみれば、著作権法上の支分権に該当しうる著作物の利用行為であっても、実質的に見て、権利を及ぼすべきでない場合として権利制限規定を設けている」と権利制限規定の趣旨を説明。実例として、現行法のいくつかの権利制限規定とともに新30条の4の条文も紹介する。そのうえで、「聞かせる目的の演奏」の解釈についても、「実質的に権利を及ぼすべき利用であるか、具体的には、著作物に表現された思想又は感情の享受を目的とする利用態様であるかを考慮する解釈が、著作権法そのものから求められている」と主張する[9]。

こうした解釈が認められれば、音楽教室での利用が「著作物に表現された思想又は感情の享受を目的としない利用」に当たる可能性が浮上する。そうなれば、音楽教室がレッスンのために著作物を利用することは著作権の侵害には当たらないとみなされるようになるかもしれない。裁判所の判断が注目される。

A.3.2.3 「権利者の利益を不当に害する場合」とは？

30条の4ただし書きは「著作権者の利益を不当に害する場合はこの限りではない」として、権利者の利益を不当に害するような利用については適用しないとしている。これに関連する訴訟での2つ目の争点が、著作権法の目的の解釈を巡る争いである。

著作権法第1条は「文化的所産の公正な利用に留意しつつ著作権の保護を図り、もって文化の発展に寄与することを目的とする」と定めている。音楽教育を守る会は「音楽教室から著作権料を徴収することは音楽文化の発展をさまたげる」と主張しているが、JASRACは「著作権者にお金（使用料）を回すことこそ音楽文化を発展させる」と反論。ここでも両者の主張は真っ向から対立している。

JASRACの主張する通り、著作権者に使用料を回すことが音楽文化の発展に必要であることは疑いの余地はない。しかし、音楽教室は、教室で使用する楽譜および発表会での演奏に対してはJASRACに著作権使用料を支払っている。JASRACが音楽教室での練習のための演奏から使用料を徴収できなくても、著作権者の利益を不当に害するとはいえないのではないか。今回

---

7. 第196回国会「衆議院文部科学委員会議事録」第5号（平成30年4月6日）3ページ。http://kokkai.ndl.go.jp/SENTAKU/syugiin/196/0096/19604060096005.pdf
8. 前掲注5、6ページ。
9. 平成30年9月3日、原告提出第7準備書面。

のJASRACの徴収方針に対して、使用料を受け取る立場の著名なミュージシャンたちも反対している事実もこれを裏付けている。

仮に裁判所が音楽教室のレッスン生徒の演奏にも22条の演奏権が及ぶとするJASRACの主張を認めた場合、音楽教育を守る会は新30の4の権利制限規定によりJASRACの請求権が及ばないと主張する可能性は十分ある。その際、音楽教室は使用する教材、すなわち楽譜の制作時にJASRACに複製についての申請を行っており、著作権者の対価回収の機会を損なっているわけでもないので、ただし書きの著作権者の利益を不当に害するケースには該当しない。

問題は新30の4の柱書にある享受目的で、文化庁見解の通り、主たる目的が享受のほかにあったとしても、同時に享受の目的があるような場合には同条の適用はないとすると、音楽教育を守る会の主張は認められないおそれがある。上記「A.3.2.1　条文」で述べたように、本件はイノベーションに関係する訴訟ではない。しかし、こうしたきびしい解釈では、イノベーションを創出するために設けられた柔軟な権利制限規定が、逆にイノベーションを阻害することになりはしないか。

上記「A.2.1　フェアユース規定」で述べた通り、フェアユースを判定する際、米国の裁判所が重視する第1要素は、「利用の目的および性質（利用が商業性を有するか……を含む）」と規定しているようにカッコ内に「利用が商業性を有するか」という文言が入っている。にもかかわらず、米国の裁判所は変容的利用、すなわち商用目的でも目的が変わっていれば許諾なしの利用を認める解釈によって、その後のイノベーションに柔軟に対応してきた。

国会でも上記「A.3.2.2　「享受目的」が争点となっている裁判」で述べたように、この享受目的についての質問に対して、中岡司文化庁次長は2度にわたり、「最終的には司法判断になるが」と断ったうえで回答した。このように司法判断に頼らざるをえない部分があるのであれば、最初からきびしい解釈で縛らずに、司法判断に任せたほうが、今後のイノベーションにも柔軟に対応できるはずである。せっかくの柔軟な権利制限規定が、仏作って魂入れずにならないためにも、そうした柔軟な姿勢が望まれる。

文化庁見解の通り、主たる目的が享受のほかにあったとしても、同時に享受の目的があるような場合には新30条の4の適用はないとすると、イノベーションを創出するために設けられた柔軟な権利制限規定が、逆にイノベーションを阻害することになりかねない。中岡次長の指摘するように、最終的に司法判断に任せるのであれば、厳格な解釈で縛らずに、柔軟な解釈を生む余地を残すべきである。

A.3.2.4　AI時代に対応できるか？

新30条の4第2号にあげられている「情報解析」はAI・IoT時代に重要な条文である。文化庁も「これにより、例えば、深層学習（ディープラーニング）の方法による人工知能の開発のための学習用データとして著作物をデータベースに記録するような場合も対象となるものと考

えられる」としている[10]。

　具体例をあげよう。2016年、オランダの美術館やデルフト工科大学のチームが、346点に及ぶレンブラントの全作品から深層学習のアルゴリズムによって作品の特徴を分析、作品に共通する題材を分離し、最も一貫性のある題材を特定した作品を発表した。レンブラントの作品は著作権切れなので許諾は不要だが、この条項によって、存命中のアーティストの作品を許諾なしにAIによって分析し、そのアーティストの作風を真似た作品を創作することが可能になるわけである。

　改正前の47条の7は「電子計算機による情報解析のための複製等」について概略を次のように定める。

> 「著作物は、電子計算機による情報解析（多数の著作物その他の大量の情報から、当該情報を構成する言語、音、影像その他の要素に係る情報を抽出し、比較、分類その他の統計的な解析を行うことをいう）を行うことを目的とする場合には、必要と認められる限度において、記録媒体への記録又は翻案を行うことができる。」

　新30条の4はこの「情報解析」を1項2号に吸収した。「電子計算機による」という限定がとれたため、人の手で行われる解析も可能となった。また、「統計的解析による」という限定もなくなった。この2つの限定がとれたことにより、権利制限の対象が広がった2号の「情報解析」だが、同条の柱書は上記「A.3.2.1　条文」で述べた通り、「著作物に表現された思想又は感情の享受を目的としない利用」に限っている。また、ただし書きで「著作権者の利益を不当に害する場合」には適用されない。

　この点について、2018年4月11日の衆議院文部科学委員会で櫻井周議員（立憲民主党・市民クラブ）が、「改正前の47条の7から新しい30条の4第2号へ条文が移動しておりますが、従前に実施できたことは改正後もすべて実施可能という解釈でよろしいでしょうか」と質問した。

　これに対し、中岡司文化庁次長は、「現行47条の7により適法に行うことが想定されていた行為につきましては、著作権者の利益を不当に害するものでないと考えておりまして、今回の改正後におきましても引き続き許諾なく行えるものと考えております」と回答した[11]。

　このように現行法で適法なことまで違法にしてしまうのではないかという懸念は払拭された。

　第3章の執筆者の上野達弘教授は、新30条の4に吸収された改正前の47条の7について、イギリスやドイツも最近の改正で情報解析を認める規定が設けられたが、いずれも非営利目的に限っていることから、日本は機械学習のパラダイスであると指摘する[12]。情報解析について営利目的のものまで認める権利制限規定を設けた点では画期的といえよう。しかし、フェアユース規定と比べたらどうだろうか。新30条の4の権利者の利益を不当に害さない要件は、アメリカでも原著作物の市場を奪うような利用は、フェアユース判定の第4要素（原著作物の市場に

---

10. 文化庁著作権課「著作権法の一部を改正する法律（平成30年改正）について」、「コピライト」No.692（2018年）。
11. 第196回国会〔衆議院文部科学委員会議事録〕第6号（平成30年4月11日）、18ページ。http://kokkai.ndl.go.jp/SENTAKU/syugiin/196/0096/19604110096006.pdf
12. 上野達弘「コラム：機械学習パラダイス」（早稲田大学知的財産法制研究所）。https://rclip.jp/2017/09/09/201708column/

与える影響）を満たさないため、フェアユースは認められにくい。

　享受目的はどうか。「A.1　はじめに」で述べた通り、フェアユース判定の第1要素である利用の目的について、米国では享受目的であっても変容的利用であればフェアユースが認められている。変容的利用を最初に認めた最高裁判決が、原作品の表現を享受するパロディに対して、フェアユースを認めた判決だったこともこれを裏付けている。新30条の4はイギリスやドイツに比べれば機械学習に有利であることは間違いないが、アメリカなどフェアユース導入国に比較すると必ずしも有利ではないので、パラダイスとまではいえないではないか。

A.3.3　第47条の4

　新設された3つの柔軟な権利制限規定の2つ目は第47条の4だが、現行法の関連規定を統合しつつより包括的な規定とした条文なので、解説は省略し、条文の骨子のみ紹介する。全文については第3章を参照されたい。

> 電子計算機における著作物の利用に付随する利用等（新47条の4）
> 【条文の骨子】
> 　＜Ⅰ．キャッシュ等関係＞　著作物は、次に掲げる場合その他これらと同様に当該著作物の電子計算機における利用を円滑又は効率的に行うために当該利用に付随する利用に供することを目的とする場合には、その必要と認められる限度において、いずれの方法によるかを問わず、利用することができる。
> 　ただし、著作権者の利益を不当に害する場合はこの限りでない。
> 　①電子計算機におけるキャッシュのための複製　②サーバー管理者による送信障害防止等のための複製　③ネットワークでの情報提供準備に必要な情報処理のための複製等
>
> 　＜Ⅱ．バックアップ等関係＞　著作物は、次に掲げる場合その他これらと同様に当該著作物の電子計算機における利用を行うことができる状態の維持・回復を目的とする場合には、その必要と認められる限度において、いずれの方法によるかを問わず、利用することができる。
> 　ただし、著作権者の利益を不当に害する場合はこの限りでない。
> 　①　複製機器の保守・修理のための一時的複製
> 　②　複製機器の交換のための一時的複製
> 　③　サーバーの滅失等に備えたバックアップのための複製

A.3.4　第47条の5

　新設された3つの柔軟な権利制限規定の3つ目の第47条の5の条文の骨子は、以下の通りである。

> 新たな知見・情報を創出する電子計算機による情報処理の結果提供に付随する軽微

> 利用等（新47条の5）
> 【条文の骨子】
> 　著作物は、電子計算機を用いた情報処理により新たな知見又は情報を創出する次に掲げる行為を行う者（政令で定める基準に従う者に限る。）は、必要と認められる限度において、当該情報処理の結果の提供に付随して、いずれの方法によるかを問わず、軽微な利用を行うことができる。
> 　ただし、著作権者の利益を不当に害する場合はこの限りでない。
> 　①　所在検索サービス（＝求める情報を特定するための情報や、その所在に関する情報を検索する行為）
> 　②　情報解析サービス（＝大量の情報を構成する要素を抽出し解析する行為）
> 　③　①②のほか、電子計算機による情報処理により新たな知見・情報を創出する行為であって国民生活の利便性向上に寄与するものとして政令で定めるもの

　①の所在検索サービスの具体例として、書籍検索サービスおよび番組検索サービスがあげられている。また、②の情報解析サービスの具体例として、論文剽窃検証サービスがあげられている。いずれも「軽微な利用」と「著作権者の利益を不当に害しない利用」に限られている。軽微であるかを判断する際の考慮要素については、条文は柱書で、「公衆提供提示著作物のうちその利用に供される部分の占める割合、その利用に供される部分の量、その利用に供される際の表示の精度その他の要素」を掲げている。

　米国でフェアユースが認められたグーグルブックスの場合、利用に供される部分の占める割合は最大16パーセントに上るが、こうした利用が日本で軽微と認定されるかは疑問である。

　すでにグーグルブックスのサービスは、国会図書館のサービスを凌駕している。グーグルブックスで筆者の名前を検索すると、国会図書館の蔵書検索データベースNDL-OPACで検索した場合の数十倍の件数がヒットする。NDL-OPACは書籍の中のキーワードしか拾わないが、グーグルブックスは書籍の全文を検索するためにこの差が生じるわけで、日本語の書籍ですら、母国語の国立図書館よりもアメリカの一民間企業の電子図書館のほうが網羅的に探してくれるのである。

　こうした状況から、グーグルブックスより制限されたサービスしか提供できない改正後の規定によって、先行するグーグルに対抗して書籍検索サービスを提供する事業者は現れないおそれがある。ウェブ検索サービスでも日本は個別権利制限規定を設けて合法化したが（表A.1）、時すでに遅しで、その後も日本勢のシェアは増えるどころか減ってしまった苦い経験がある[13]。

　③の「①②のほか、電子計算機による情報処理により新たな知見・情報を創出する行為であって国民生活の利便性向上に寄与するものとして政令で定めるもの」については、期待がかかる。上記「A.2.1　フェアユース規定」で述べた通り、米国の裁判所がフェアユースを認める際に最も重視するのが、変容的利用、すなわち別目的の利用であるが、改正法でこの変容的利用に近

---

13. 付録末参考文献：城所岩生（2016）、22ページ。

いのが、「新たな知見・情報を創出する行為」だからである。

　この規定に対しても国会審議で複数の議員から質問が出された。2018年5月17日の参議院文教科学委員会で佐々木さやか議員（公明党）は次の質問をした[14]。

> 　この規定を設ける趣旨というのがやはりこのイノベーションの促進というところにあるのであれば、権利の保護ということはもちろんですけれども、それと同時に、迅速性、的確性というものも確保していく必要があると思います。
> 　具体的にはその審議会などで議論をしていくんだろうという御説明でしたけれども、そこで、審議会の場で、権利の保護と、そして迅速性、的確性ということをしっかり確保していかなければならないわけでありますので、例えばこの審議会のメンバーにも、対立利益となる権利者側と利用者側というものをバランスよくメンバーになっていただいてしっかりと議論がされるようにする必要があると思いますけれども、こういった点についてはどのようにお考えでしょうか。

　これに対して、政府参考人（中岡司文化庁次長）は以下の回答をした[15]。

> 　この制定手続につきましては、関係者からのニーズを踏まえまして、関係する事業者、権利者等の意見を伺いつつ、文化審議会で迅速に検討を行って、検討がまとまったものから順次その政令を制定していきたいというふうに考えております。
> 　そのために、法案が成立した後に、速やかにIT関連産業を含む関係業界等のニーズの募集を行って、政令制定に向けた検討を進めてまいりたいと考えております（※筆者補足：文化庁は2018年7月11日からニーズを募集し、8月10日に締め切った）。その際には、検討の過程で権利者及び利用者の意見のバランスの取れた形で適切に反映されるようにということで、検討体制について工夫しながら迅速に対応していくというのが重要ではないかと考えております。

　③の後半の「国民生活の利便性向上に寄与するもの」も米国ではグーグルブックス判決に見られる通り、公共性が高いサービスはフェアユースが認められる可能性が高い。

　こうしたサービスでも政令による指定を待たなければ提供できないことに対して、三宅伸吾参議院議員（自民党）は「時代錯誤と断ぜざるを得ない」と酷評する[16]。

> 　妥当な条文としては、「（前略）国民生活の利便性の向上に寄与するもの」だけで十分であり、「政令で定めるもの」は不要である。政府の条文案によれば、政令に盛り込まれるまでは、国民生活に寄与する付加価値あるサービスであっても権利制限の対象とならず、無断複製は違法（＝技術革新をいかしたワクワクする新サービスは法令違反）となる。

---

14. 前掲注5、6ページ。
15. 前掲注5、7ページ。
16. 三宅伸吾「国政報告⑨」（2018年3月25日）、21ページ、脚注14。

今後、生まれる技術革新をいかしたワクワクする新サービスで、グーグルブックスのように公共性が高く、アメリカではフェアユースが認められそうなサービスでも、日本では法律や政令の改正を待たなければ提供できないようだと、先行する米国勢に日本市場まで席巻されてしまういつもの悪循環は断ち切れない。

　三宅議員の指摘するこの条文の時代錯誤ぶりはすぐに露呈した。佐々木さやか議員のイノベーション促進のためにこの規定を設けるのであれば、迅速性、的確性をどのように確保するのかという質問に対して、中岡司文化庁次長は法案成立後、すみやかに関係業界等のニーズの募集を行って、政令制定に向けた検討を進めたいと回答した。回答通り、文化庁は2018年7月から1ヶ月間ニーズを募集、6団体から22のニーズが寄せられた。提出されたニーズに対して、文化庁は文化審議会著作権分科会法制・基本問題小委員会で審議。6団体に対して、平成30年11月14日付けの「ご提出いただいた改正著作権法第47条の5第1項第3号に基づく政令のニーズに関する取扱いについて」と題する文書で下記の回答をした[17]。

> 記
> １．政令の取扱いについて
> 　今回提出された計22件のニーズについては，全てが，以下のいずれかの理由に該当することから，これらのニーズをもとに政令の制定に向けた検討は行わないこと。
> ①　政令では，改正著作権法第４７条の５第１項第１号（所在検索サービス）及び第２号（情報解析サービス）に該当しない行為（サービス）を規定するものであるところ，提出されたニーズは同項第１号又は第２号に該当し得るものであり，別途政令を制定するに足る必要性が認められない。
> 　（※）当然のことながら，同項が適用されるためには，同項柱書に規定する他の要件（当該行為の目的上必要と認められる限度か否か，当該行為に付随して著作物を利用するものであるか否か，軽微な利用であるか否か，権利者の利益を不当に害するものであるか否か等）を充足することが必要となる。
> ②　「各号に掲げる行為に付随して著作物を利用すること」との要件に適合しないことが明らかであるか，当該要件に適合しない疑いが相当程度存在する。
>
> 　以下、省略。

　そもそも現時点で把握されているニーズだけでなく、把握されていないニーズにも対応できないようだと、急速に進展するデジタル化・ネットワーク化に追いつけない（後述A.4を参照）。にもかかわらず、現時点で把握されているニーズに対しても、このようにハードルが高くては、イノベーション促進のために作った条文が、名実ともに三宅議員の指摘する「時代錯誤」のものになってしまいかねない。

17.『文化審議会著作権分科会法制・基本問題小委員会中間まとめ（案）』。http://www.bunka.go.jp/seisaku/bunkashingikai/chosakuken/hoki/h30_07/pdf/r1412112_02.pdf

A.4　10年先取りするどころか10年後追いする法改正でAI・IoT時代に対応できるのか？

A.4.1　失速した日本版フェアユース

　改正法で可能になる新サービスは、表A.1の通り、直近の書籍検索サービスでも5年前、最も古いリバースエンジニアリングに至っては、26年前にアメリカでフェアユースが認められている[18]。こうした後追いの対症療法的対応に終わらざるをえない理由の1つに法改正の手法の問題がある。「知的財産推進計画2016」の提案を受けて、「柔軟性のある権利制限規定」について検討した文化庁は、広く国民から著作物利用の現在・将来のニーズを募集（企業等、個人から112件のニーズ提出）した結果などを元に2017年4月に報告書をまとめた。しかし、こうした対症療法的ニーズ積み上げ方式では、現時点で把握されていないニーズには対応できず、急速に進展するデジタル化・ネットワーク化に追いつけないことは、この10年の歴史が証明している。

　知的財産戦略本部は「知的財産推進計画2008」で「包括的な権利制限規定」の導入、「知的財産推進計画2009」でも「権利制限の一般規定（日本版フェアユース規定）」導入の検討を提案した。フェアユースは、公正な利用であれば著作権者の許諾を得ずに著作物の利用を認める米著作権法の規定である。文化庁はこのときも関係者から収集したニーズ募集にもとづいて検討した結果、実現した2012年の著作権法改正は、従来の改正でも追加されてきた個別の権利制限規定と変わらない4つの条文を盛り込むだけの尻すぼまりの改正に終わってしまった。第2章の執筆者、中山信弘東京大学名誉教授に「日本版フェアユースのなれの果て」と酷評される改正だった。

A.4.2　論文剽窃検出サービス

　今回はイノベーションの創出を促進するため、ある程度抽象的に定めた規定が設けられた。しかし、基本的に現在把握されているニーズに対応することを前提としているため、把握されていないニーズに対応できる保障はまったくない。

　たとえば、今回ニーズが寄せられ、改正で認められるようになる「論文剽窃検出サービス」。これは論文の内容を他の論文から盗んだり、コピー＆ペーストしたりしていないかをチェックするためのサービスで、2014年の小保方事件をきっかけに脚光を浴びたが、2008年に日本版フェアユースが提案されたときには、ニーズとして把握されていなかったサービスである。

　アメリカでは学生の許諾を得ずに提出論文をデータベース化して、コピペ論文をチェックできるようにしたサービスを巡る訴訟でフェアユースが認められた（表A.2）。このため、サービスを提供するターンイットイン社は現在、7億3000万以上の他の学生レポート、1億5000万以上の学術雑誌論文をデータベース化している[19]。

---

[18] 対応遅れの影響は著作権法の分野だけにとどまらない。サイバー戦争の脅威が増すなか、サイバーセキュリティの面から国の安全保障にも影響を及ぼしかねないような改正が、4半世紀にわたって放置されていたわけで、立法不作為の責任は重い。

[19] https://www.assistmicro.co.jp/products-category/turnitin/

日本のアンク社もコピペルナーと呼ばれるサービスを提供しているが、データベース化する際には、権利者の許諾を得ると明言している。同社が、2014年11月19日に開催された文化審議会著作権分科会の小委員会に提出した資料に以下の記述がある[20]。

> 「将来、弊社のデータベースに論文を保管してチェック対象とする場合は、論文データ・著作権を管理している企業・機関と契約を結んだ後に、契約範囲内の論文データを自社DBに保管し、チェック対象とする予定です。」

フェアユースのない日本ではこうした対応にならざるをえないが、データベース化ができないと、先輩の論文のコピペなどをチェックできず、論文剽窃検出サービスとしては不完全に終わってしまう。小保方事件発生後、日本の教育・研究機関が米社のサービスに走ったのも当然である。

日本が個別権利制限規定を設けてサービスを合法化した時点では、フェアユースをバックにサービスを提供していた米国勢に日本市場まで席巻されてしまった点で、ウェブ検索サービスの二の舞を演じたことになる（表A.1）。

今回の改正は「知的財産推進計画2016」が「柔軟な権利制限規定」を提案したのが、きっかけとなっている。この提案は知的財産戦略本部検証・評価・企画委員会次世代知財システム検討委員会が、2016年4月にまとめた報告書にもとづいている。この委員会の委員を務めた喜連川優国立情報学研究所長・東京大学教授は以下のように指摘する[21]。

> 　我が国が検索エンジンビジネスへの参画に遅れが生じたのは、コンテンツのキャッシュへの複製が著作権法違反に当たる可能性があるという意見があったことから派生した委縮効果によるところが大であった。経済産業省情報大航海プロジェクトの実施も受け、関係各位の努力で、最終的に2010年1月に法改正がなされ、制限規定が導入されるに至った。改正に至るまで、大変なエネルギーが投入されると同時に、とても長い時間がかかったことも事実である。
>
> 　何よりも、先行者利益が非常に大きいITネットビジネスにおいてはこの遅延は致命的であり、当初日本においてもWeb検索に関する研究開発が活発になされていたものの、ご存知のように、現在は米国の検索エンジンが席巻し、日本の企業努力は陽の目を見なかったことは大変残念である。法整備はITビジネス上極めて重要であることを痛感した次第である。

国産検索エンジンの開発を目指した「情報大航海プロジェクト」（2007年～09年）の戦略会議議長を務めた喜連川教授は、当時の体験を上記のように紹介した後、論文剽窃検出サービスについて以下のように続ける。

> 　残念なことに同様の事態は一度に留まらない。ITの進展の結果とも言えなくないが

---

20. http://www.bunka.go.jp/seisaku/bunkashingikai/chosakuken/hogoriyo/h26_08/pdf/shiryo_1.pdf
21. 喜連川優「法整備はゆっくりやれば当然できる。スピードが肝」、『AI白書2019』（独立行政法人情報処理推進機構AI白書編集委員会編、2018年）。

> 論文のコピペが最近流行した。国際会議主催者の頭痛の種ともなっているが、単純にコピーをすることが多く、手間さえ惜しまなければ、検索エンジンを利用し人手で捜すこともできるが、当然非効率であった。このような背景で、主要な国際会議や論文誌の論文とマッチングするシステムを作ることは誰でも考えるところである。
> 　米国はフェアユースがあることから、米国に新しい会社が生まれ、当該コピペ検出サービスが広く利用されるに至っている。一方日本は、著作権法があることから著作権者である学会、出版社、著作者からの許諾が必要であった。どうしてもモタモタせざるを得ない。この種のサービスに対して著作者が反対することはまずないと思われ、内閣府の会議で問題提起をしたが、迅速な対応は得られなかった。
> 　その結果、先行企業は世界の巨大学会などと連携し、新しい論文投稿はほぼすべてそのサービスを利用することとなりつつある。日本の大学も、大学の評判にもつながることから、当該ソフトウェアを多用するに至っている。2018年の著作権法改正で、このサービスが可能となったが、検索エンジンの二の舞になりかねない。このように現行の法制度が不具合を生み、それへの対応に時間がかかり、結果として新サービスの創出の足を引っ張るケースが後を絶たない。今後のAI時代における著作物の取り扱いについてもしっかりした検討が必須といえる。

　喜連川教授の指摘するように、「この種のサービスに対して著作者が反対することはまずないと思われる」論文剽窃検出サービスでも、権利制限規定が設けられるまでは違法になってしまうところに個別権利制限規定による対応の限界がある。このように時間のかかる法改正が新サービス創出の足を引っ張る悪循環を断つには、10年先取りするような改正をしなければならない。にもかかわらず、今回の改正も10年後追いする改正に終わってしまった。もちろん今回の改正で新設された柔軟な権利制限規定によってカバーされる新技術・新サービスは当然ある。しかし、上述の「A.3.1　鳥瞰図」の通り、改正で可能になった利用は著作物の表現を享受しない利用に限られる。柔軟性の点ではこうした縛りのない米国型フェアユースには及ばない。

　今後、著作物の表現を享受するような新たなニーズに対応する新技術・新サービスが生まれる可能性は十分ある。そのときにフェアユースをバックに先行する米国勢に日本市場まで席巻されてしまった苦い経験を繰り返すことになる。改正法でAI・IoT時代に対応できる保証は残念ながらないといえる。

　この懸念は国会審議でも指摘された。日本版フェアユースが失速した2012年改正時に、文部科学大臣を務めた平野博文衆議院議員（無所属、当時民主党）は、「著作権法の一般規定を検討する本来のやはり趣旨というのは、現在あるニーズではなくて、将来のニーズに対応でき得るように規定をどう設けるかというところに腐心をしなきゃいけない」と指摘した[22]。

---

22. 前掲注11、26ページ。

A.4.3 書籍検索サービス

論文剽窃検出サービス同様、前回改正時にニーズとして把握されていなかったが、今回の改正で認められるサービスに書籍検索サービスがある。書籍のなかに存在する単語などの情報を検索できるサービスだが、グーグルは出版社や図書館から提供してもらった書籍をデジタル化し、全文を検索して、利用者の興味にあった書籍を見つけ出す、グーグルブックスと呼ばれるサービスを提供している。グーグルブックスも訴訟の洗礼を浴びたが、表A.2の通り、フェアユースが認められた。

このグーグルブックスで筆者の名前を検索すると、国立国会図書館（以下、「国会図書館」）の蔵書検索データベースNDL-OPACで検索した場合の数十倍の件数がヒットする。NDL-OPACは単独執筆本が中心だが、グーグルブックスは、共著はもちろん筆者の本を紹介してくれた他の著者の本まで探してくれる。NDL-OPACは書籍のなかのキーワードしか拾わないが、グーグルブックスは書籍の全文を検索するので、この差が生じるわけで、日本語の書籍ですら日本の国会図書館よりもアメリカの一民間企業の電子図書館のほうが網羅的に探してくれるのである。

喜連川教授は知的財産戦略本部が2018年4月2日に開催した会合で、改正法の説明を受けた際、論文剽窃検出サービスについて、「すでにゲームは終わってしまった」と指摘した[23]。書籍検索サービスもすでにゲームオーバーの可能性は高い。「A.3.4　第47条の5」で述べた通り、改正法でもグーグルブックスと同じようなサービスまで認められるかは疑問だし、仮に認められても、今さら巨人グーグルに立ち向かう日本企業が現れるかも疑問だからである。

A.5　政府立法の限界

こうした後追いの対症療法的法改正を繰り返さざるをえない理由の1つに、法改正手続きの問題がある。政府立法[24]は、著作権法の場合、文化審議会著作権分科会の了承が必要である。表A.3で、著作権を扱う文化審議会著作権分科会の委員構成を、特許、商標、意匠、営業秘密など著作権以外の知的財産権を扱う経済産業省の産業構造審議会知的財産分科会と比較した。各種団体委員の割合が知的財産分科会の4分の1（21人中5人）に対し、著作権分科会は半数以上（29人中16人）を占めていることがわかる。その16人中、全国消費者団体連絡会と日本図書館協会を除く14人は権利者団体が占めている。

こうした審議会でフェアユースのような包括的権利制限規定に対して、委員のコンセンサスを得るのは難しい。現に知的財産推進計画2008・2009での提案を受けて、文化庁での検討を経て実現した2012年の著作権法改正は、従来の改正でも追加されてきた個別の権利制限規定と変わらない4つの条文を盛り込むだけの改正に終わってしまった。

このため、5年も経たずに再検討する必要が生じ、知的財産推進計画2016で柔軟性のある権利制限規定の検討が提案された。それから2年かけて実現した今回の改正は、3つの柔軟性のあ

---

23. https://www.kantei.go.jp/jp/singi/titeki2/tyousakai/kensho_hyoka_kikaku/2018/sangyou/dai5/gijiroku.pdf
24. 政府立法は政府が閣議決定して法案を国会に提出するため、正式には閣法と呼ぶようだが、本稿では後記A.6で言及する議員立法との対比が明確になるよう政府立法で統一する。

表A.3 知財関連審議会の委員構成（出典：＊は http://www.bunka.go.jp/seisaku/bunkashingikai/chosakuken/pdf/r1390053_01.pdf、＊＊は https://www.jpo.go.jp/shiryou/toushin/shingikai/pdf/tizai_bunkakai_11_paper/02.pdf）

	文化審議会著作権分科会（2018年6月時点）＊	産業構造審議会知的財産分科会（2018年6月時点）＊＊
大学教授	9人	5人
弁護士・弁理士	4人	4人
公的機関	0人	2人
マスコミ	1人	1人
民間企業	0人	8人
各種団体	15人	3人
合計	29人	23人

る権利制限規定が盛り込まれた点で前進といえる。しかし、イノベーションを取り巻く環境変化のスピードは加速する一方である。2018年6月15日に閣議決定された「統合イノベーション戦略」は、「世界で破壊的イノベーションが進展し、ゲームの構造が一変、過去の延長線上の政策では世界に勝てず」と指摘する[25]。破壊的イノベーションによって現時点で把握されていないニーズが出現する可能性も当然高まる。

そのときに今回の柔軟性のある権利制限規定ではカバーできないが、アメリカではフェアユースに当たるニーズが生まれる可能性は十分あり（表A.2）、いち早くサービスを提供した米企業に日本市場まで制圧されてしまう「いつか来た道」を歩むおそれは否定できない。デジタル時代にアナログ的対応を繰り返す政府立法の限界でもある。

こうした問題の解決策として、筆者は文化審議会著作権分科会の委員を中立委員だけに絞る提案をしている[26]。審議会メンバー見直しの成功例として、2012年に経済産業省が立ち上げた電力システム改革専門委員会の委員を務めた八田達夫アジア成長研究所所長は、同専門委員会の例を紹介している（2015年11月6日付、日本経済新聞「経済教室」欄）。

> 以前の電気事業審議会が各電力会社の経営者、労働組合など利害関係者が委員に入っていたため、欧米では1980年代から進められてきた発送電分離が実現しなかった。原発事故という大惨事が追い風になったとはいえ、電力システム改革専門委員会では利害関係者の意見をききながら、中立委員のみが議論する仕組みを採ったことで発送電分離が実現しました。

著作権法改革についても利害関係者が委員の大半を占める現在の著作権分科会では実現が難しいようであれば、委員を中立委員だけに絞るべきである。

---

25. http://www8.cao.go.jp/cstp/tougosenryaku/tougo_gaiyo.pdf
26. 付録末参考文献：城所岩生（2018-2）、201ページ。

A.6　議員立法への期待

A.6.1　自民党の提言

　政府立法は閣議決定を経て、国会に提案されるが、閣議決定の前には自民党の了承を得る必要がある。今回の改正は自民党内でも議論を呼んだ。赤池まさあき参議院議員（自民党）はブログ「著作権法改正　技術革新のための柔軟な規定へ」で、自民党内で3回にわたった会議で激論となったと指摘している[27]。

　激論となった理由は、山本一太参議院議員（自民党）がブログ「文化庁の著作権法改正案の内容に異議あり!!～前進どころか後退した『柔軟な権利制限』の規定（怒）」で指摘している通り、自民党の提言をまったく反映してないためだ[28]。自由民主党政務調査会が2016年4月に発表した「地方創生とイノベーション創出のための知的財産戦略提言～第4次産業革命とグローバル化の中で～」と題する提言内に以下の記述がある[29]。

> 5. デジタル・ネットワーク化に対応した知財システムの構築
> （新たな著作権システムの構築）
> ・デジタル・ネットワーク化の進展などの環境変化に対応した著作物の利活用を促進する観点から、権利の適切な保護とのバランスを考慮しつつ、柔軟な権利制限規定を導入する。柔軟な権利制限規定としては、例えば、報道、研究、教育、福祉、イノベーションの創出など、目的を限定的に列挙すること等により明確性を確保するとともに、著作権者の利益を不当に害さないよう対応する。
> ・柔軟な権利制限規定について予見可能性を高めるため、国や関係機関が連携しつつ、ガイドラインの策定など法の適切な運用のための方策を講じる。
> （途中略）
> ・著作物の利用が個々の消費者まで広がっていることに鑑み、「消費者利益への配慮」という視点を明確にする。

　提言のタイトルにもなっている「イノベーション創出」にとって欠かせないのがフェアユース規定である。アメリカではフェアユースはベンチャー企業の資本金と呼ばれているように、シリコンバレーのIT企業の躍進に貢献した。英国のキャメロン首相も2010年に著作権法改革を命じた際、グーグルの創業者がフェアユースのない英国で起業するつもりはなかったと語った事実を紹介した。そのグーグルに代表されるフェアユース関連産業がアメリカ経済を牽引している。

　アメリカのGDPは2010年から2014年までの間に16.5％増えているが（表A.4）、フェアユース産業は表A.5の通り、売上、輸出ともそれを上回る20％台の伸びを示している。この間の日米のGDP伸び率を比較すると、日本はなんと14.9％減。円安が進行したことも影響しているが、

---

27. https://ameblo.jp/akaike-masaaki/entry-12355827934.html
28. https://ameblo.jp/ichita-y/entry-12350692641.html
29. https://jimin.jp-east-2.storage.api.nifcloud.com/pdf/news/policy/132110_1.pdf?_ga=2.259226762.1413055295.1550652185-2084800747.1550652185

円ベースで見ても4年間で2.7％しか増えてない（表A.4）。

このようにフェアユース関連産業が経済を牽引する米国にならって、フェアユースを導入する国が今世紀に入って急増している。表A.6のように、導入国はいずれも日本より高い経済成長率を誇っている。

表A.4　日米のGDP伸び率比較

	2010年	2014年	伸び率
アメリカ（ドル）	14兆9644億ドル	17兆4276億ドル	16.5%
日本（ドル）	5兆7001億ドル	4兆8487億ドル	▲14.9%
日本（円）	500.4兆円	513.7兆円	2.7%

表A.5　フェアユース関連産業のアメリカ経済への貢献（出典：米国コンピューター通信産業連盟『米国経済におけるフェアユース―フェアユース関連産業の経済的貢献』、http://www.ccianet.org/wp-content/uploads/2017/06/Fair-Use-in-the-U.S.-Economy-2017.pdf）

分析結果
アメリカのフェアユース産業は ■ アメリカ経済の16%を占める。 ■ 2014年の売上は5.6兆ドル（633兆円）で2010年の4.6兆ドル（520兆円）に比べて22%増えた。 ■ 4年間に100万人の雇用を増やし、雇用者の8人に1人に当たる1800万人を雇用している。 ■ 4年間に生産性を年率3.2%向上させた。 ■ 4年間に輸出を21%伸ばし、2014年には3680億円（42兆円）に達した。

表A.6　フェアユース導入国のGDP成長率（出典：「世界経済のネタ帳」http://ecodb.net/ranking/imf_ngdp_rpch.html）

導入年	国名	GDP成長率（2017年）
1976年	米国	2.27%
1992年	台湾	2.79%
1997年	フィリピン	6.67%
2003年	スリランカ	3.11%
2004年	シンガポール	3.62%
2007年	イスラエル	3.32%
2011年	韓国	3.09%
2012年	マレーシア	5.90%
未導入	日本	1.71%

自民党の提言が、「イノベーションの創出」だけでなく「消費者利益への配慮」も取り上げて

いる点は注目に値する。表A.3の通り、文化審議会著作権分科会は権利者の利益代表委員が約半数を占めるのに対し、消費者の利益代表委員はたった1人である。こうした委員会のコンセンサスを得なければならない政府立法による改正で、消費者利益に配慮するような意見が採用されるとは考え難い。

インターネットの普及によって、誰でも創作でき、誰でも簡単に作品を公表できるようになった。また、誰もが著作物を創作する際に他人の著作権を侵害するおそれが出てきた。同時に、自分の著作物の著作権を他人に侵害されるおそれも増した。このように誰でも著作権侵害の加害者あるいは被害者になるおそれが出てきた時代に、消費者の利益が反映されないような著作権法では時代錯誤の法律になってしまう。

A.6.2　三宅伸吾参議院議員のフェアユース導入論

自民党内での議論については、三宅伸吾参議院議員が詳しく報告している。

> 2018年2月2日、党の知財戦略調査会・文部科学部会で著作権法改正案を審議しました。私はイノベーションを促進する法案としては極めて不十分だと指摘、修正すべきだと述べました。山本一太、阿達雅志・両議員らも法案への異論を強く訴え、再度、審議することになりました。
>
> インターネットや人工知能といった分野を中心に近年、技術革新が大変なスピードで進んでいます。私はかねて、日本の著作権法の改正作業が技術環境の変化に追い付いていないと考えています。そのため、技術進歩を生かした著作物の利活用促進、関連産業の発展に向け、著作権法の改正による「フェアユース制度」の導入が必要だと訴え続けてきました。同制度の内容については後述します。

この後、「フェアユース規定の導入を」という見出しに続いて、「多くの皆さまにご理解いただきたく、少し長くなりますが、雑誌への寄稿文の該当部分を引用します」として、『Board Room Review』（一般社団法人日本取締役協会、2018年3月号）掲載の【経済成長へ、企業家と政府の役割】の項の引用が続き、最後に以下の記述がある[30]。

> 私はフェアユース規定を我が国の著作権法にも導入するべきだと、かねて確信しており、実現に向け、当選以来、取り組んでいる。
>
> 政府は2018年通常国会で著作権法改正案の国会提出を予定しているが、その法律案は時代錯誤と断ぜざるを得ない（筆者補足：この後の脚注で三宅議員は時代錯誤の実例を紹介している。前述A.3.4を参照）。我が国の経済界のなかでも、フェアユース規定の必要性への認識が広がってきたほか、党内でも同志が増えてきた。
>
> 政府側が、権利者団体の代表者ばかりでほぼ構成された審議会で調整がついた範囲でしか、著作権ルールを見直せないのであれば、国益にかなう方向に原案を修正する

---

30. 前掲注16、21ページ。

> のがロー・メーカーの責務である。憲法は「財産権は、これを侵してはならない」と規定する一方で、「財産権の内容は、公共の福祉に適合するやうに、法律でこれを定める」とする。著作権も財産権の一つである。
>
> 経済ルールは所与のものではない。社会に貢献しようという企業人や法律家は、政治へのロビイング活動を通じ、歴史に耐える法改正を促すべきだろう。また先に説明したように、ときには「正面突破戦略」などを通じ、自ら創り出すものだ。フェアユース規定の導入は「ルールを創る」という発想を日本社会に根付かせることの起爆剤となる。
>
> どうして、いつも後追い、小出し、周回遅れの法整備になるのか、このままでは日本は沈むばかりだ----。
>
> 車の自動走行、AI（人工知能）、ネット関連のコンテンツ産業分野などで世界の最先端の状況を目の当たりにしている企業人から、こうした声を何度、聞いたことだろうか。そろそろ終わりにしなければならない。

三宅議員は国政報告での改正案についての説明を以下のように結ぶ。

> 2018年2月16日、自民党の文部科学部会・知的財産戦略調査会などの合同会議で著作権法見直しへの条文案を再審査しました。条文案を読んでいないと思われる方を含む多くの議員が改正案に賛成の意見表明。私はイノベーションを機動的に取り込む姿勢が同案には極めて不十分であり断固反対との意見を述べました。
>
> 「鉛のプールの中を歩いていたようでした。しかし、焦らず、怯まず、諦めず。この心境は変わりません」----。長年、産業政策分野でご指導をいただいている有識者がかって、ふと漏らした言葉です。上記の政策はスピード感をもって実現しなければ、我が国経済の地盤沈下は止まりません。必ず実現させます。

A.6.3　阿達雅志参議院議員のコメント

このように自民党内でも異論が多かったが、部会の多数決で了承された改正案は、閣議決定を経て国会に提案され、衆参両院で可決された。自民党知財戦略調査会コンテンツ小委員会の事務局長をつとめる阿達雅志参議院議員は、改正法成立時にフェイスブックに以下の投稿をした。

> 自民党知財戦略調査会コンテンツ小委員会で事務局長として関わってきた著作権法改正案が成立しました。この内容では知財の活用、イノベーションが十分進まないということで大幅修正を求めましたが、一歩でも早く前進させるべきということで自民党内の議論で文化庁原案通りで決まったものです。その後の文化庁との議論、国会質疑で半歩前進程度にはなりました。参考人質疑で、経団連が「著作権を活用した新しいサービスは海外でうまくいったら日本に持ってくればよい」と日本発のイノベーションを進める気がないような意見を表明したのは驚きでした。

「半歩前進程度にはなった」とする「その後の文化庁との議論、国会質疑」については「A.1 はじめに」で述べた通りだが、附帯決議でも衆参両院とも「著作権制度の適切な見直しを進めること」を決議している[31]。

阿達議員は最後に経団連委員のコメントを紹介しているが、筆者も委員会審議のネット中継を視聴していて、その発言には驚いた。「日本は米国型フェアユースがないから新しいビジネスができないという企業には、アメリカでやって逆輸入すればいいじゃないかと伝えている」と日本経済の空洞化を促進しかねないような答弁をした[32]。

このように自民党は、対症療法的対応に追われる文化庁よりはイノベーションに前向きである。

A.6.4　平野博文 元文部科学大臣のコメント

自民党以外にもフェアユースを主張する議員はいる。上記「A.4.2　論文剽窃検出サービス」で述べた通り、国会審議で「著作権法の一般規定は、現在あるニーズではなく、将来のニーズに対応できるようにしなければならない」と発言した平野博文衆議院議員（無所属）である。同議員の以下の指摘は、第7章の「7.4　柔軟な制限規定の積極的な運用と不断の検証」でも紹介されているが、文部科学大臣経験者の発言なので再掲する[33]。

> 我が国において、新たな利用方法、サービスの創出に、この法律があるために委縮するということが生じるということは、私は、将来に対して課題を残すことになるんだろうと思います。したがって、権利者の権利を不当に侵害しない範囲であれば、利用者の予測可能性を担保するために、逆に、明確な一般規定を置かれたらいかがなものか、こういうふうに実は私は考えておるわけであります。
> 一方、今回の条文は、あくまでもニーズが顕在化するものをもって審議にかけて法令化しているものでありますが、こういう、私が今申し上げたような視点から見れば、チャレンジングしていく、新しいサービスに挑戦するベンチャーを生むようなものにはやはりまだほど遠いんだろう、こういうふうに思います。

今回の改正で、衆参両院とも上述「A.6.3　阿達雅志参議院議員のコメント」で述べたように、見直し推進の附帯決議を付けたことでもあり、政府立法による見直しが進まないようであれば、議員立法による見直しも視野に入れるべきである。

日本は、AI開発では資金面、技術面、人材面で、米国だけでなく米国を激しく追い上げる中国にも遅れをとっている。それに法制度面のハンデまで加わっては、破壊的イノベーションの時代に置いていかれるばかりである。政府立法に10年後追いする改正しか望めないのであれば、10年先取りするような改正は、議員立法に期待するほかない。三宅議員の「上記の政策は

31.「衆議院」。http://www.shugiin.go.jp/internet/itdb_rchome.nsf/html/rchome/Futai/monka2FF88AD49B164BB04925826E0029907C.htm、「参議院」。http://www.sangiin.go.jp/japanese/gianjoho/ketsugi/196/f068_051701.pdf
32. 第196国会参議院文教科学委員会会議録第8号（平成30年5月15日）、8ページ。http://kokkai.ndl.go.jp/SENTAKU/sangiin/196/0061/19605150061008.pdf
33. 前掲注11、27ページ。

スピード感をもって実現しなければ、我が国経済の地盤沈下は止まりません。必ず実現させます」[34]との決意表明に期待したい。

A.7　結びに代えて——日本版フェアユースの再提案

改正の具体案については、第3章の執筆者である上野教授が、最初に日本版フェアユースとして提案した受け皿規定方式を提案したい。以下、同氏の論考から抜粋する[35]。

> 例えば49条の2として、「第30条から前条までの規定に掲げる行為のほか・・・に照らし正当[やむを得ない]と認められる場合は、その著作物を利用することができる」いうような規定が考えられます。もちろんその後に但書を付けて、「ただし、・・・に照らし著作権者の利益を不当に害することとなる場合は、この限りでない」とすることも考えられます。
>
> このような規定は「受け皿規定」ないし「小さな一般条項」と呼ばれておりまして、多数の個別規定によってカヴァーできない行為ではあるが、個別規定が定めている行為と同等のものについて拾う規定として機能することになります。逆に申しますと、すでに設けられている多数の個別規定は、その一般条項の具体的なあらわれだということになります。

受け皿規定の代表例としては、「裁判上の離婚」について定めた民法770条があげられる。夫婦の一方が離婚の訴えを提起することができる場合を列挙した第1項は、第1号の「配偶者の不貞行為」から、第4号の「配偶者の強度の精神病罹病」まで具体的自由を掲げた後、第5号で「その他婚姻を継続し難い重大な事由があるとき」と規定している。

上野教授は、現行著作権法にもおいてもすでに受け皿規定が存在するとして、同一性保持権の適用除外に関する20条2項をあげる。

> 20条2項という規定は、同一性保持権の侵害とならない改変として、まず1号から3号まで3つの個別規定をあげています。・・・こうした個別規定の後、受け皿規定として「前3号に掲げるもののほか、著作物の性質並びにその利用の目的に及び態様に照らしやむを得ないと認められる改変」（4号）と定めています。

米国著作権法では、権利制限規定の冒頭にフェアユース規定が登場し、その後に個別権利制限規定が続くが、逆に、最後に受け皿規定として規定する日本版フェアユースの提案である。

> このように、一般条項を設けるといたしましても、権利制限規定の冒頭ではなく、個別規定の最後に受け皿規定として一般条項を設けるとともに、そこで「・・・に照らし」というような形で考慮要素を明示するのであれば、これはわが国においても現

---

34. 前掲注16、22ページ。
35. 上野達弘「著作権法における権利制限規定の再検討―日本版フェアユースの可能性―」、「コピライト」No.560（2007年）。

実的なものとして検討に値するものではないかと考えております。私が「日本版フェアユース」と申し上げているのはこのことであります。

　この日本版フェアユースについては、知的財産推進計画2009が導入の検討を提案。文化庁で検討したが、実現した2012年の著作権法改正は従来の改正でも追加されてきた個別の権利制限規定と変わらない4つの条文を盛り込むだけの尻すぼまりの改正に終わった。

　このため、5年も経たずに再検討する必要が生じ、知的財産推進計画2016で「柔軟な権利制限規定の整備」を提案。文化庁で検討した結果が今回の改正である。図A.1は、今回の改正を日本版フェアユースと比較している。下から二番目「②利用行為の性質・態様」で比較すると、今回の改正は一番右の「著作物利用を享受しない利用」に限られ、真ん中の「受け皿規定」には及ばない。失速した前回の改正に比べれば、1歩前進といえるが、日本版フェアユースに向けてはまだ道半ばである。3度目の正直で受け皿規定方式の日本版フェアユースを再提案したい。

■参考文献

- Barton Beebe（2008）An Empirical Study of U.S. Copyright Fair Use Opinions, 1978-2005, 156 U. Pa. L. Rev. 549（2008）、城所岩生訳（2008-2009）「合衆国著作権法フェアユース判決（1978-2005年）の実証的研究（1）（2）」、『知的財産法政策学研究』21号-22号。
- Peter Decherney（2014）Fair Use Goes Global, Critical Studies in Media Communication Vol.31:2（2014）pp.146-152、城所岩生・晴美訳（2015）「グローバル化するフェアユース」、『GLOCOM Review』、http://www.glocom.ac.jp/news/811
- Neil Weinstock Netanel（2011）Making Sense of Fair Use, 15 Lewis & Clark L. Rev. 715（2011）、石新智規・井上乾介・山本夕子訳（2013-2014）「フェアユースを理解する（1）（2）」、『知的財産法政策学研究』43号-44号。
- 石新智規（2016）「フェアユース再考：TPPによる日本の著作権法の変容を契機として」、『知財管理』2016年3月号。
- 岩倉正和（2015）「フェアユース規定導入の比較法的再検討」、小泉直樹・田村善之編『はばたき-21世紀の知的財産法：中山信弘先生古稀記念論文集』（弘文堂）。
- 上野達弘（2017）「権利制限の一般規定」中山信弘・金子敏哉編『しなやかな著作権制度に向けて：コンテンツと著作権法の役割』（信山社）。
- 城所岩生（2016）『フェアユースは経済を救う－デジタル覇権戦争に負けない著作権法』（インプレスR&D）。
- 城所岩生（2018-1）「改正著作権法はAI・IoT時代に対応できるのか？―米国の新技術関連フェアユース判決を題材として―」、『GLOCOM Discussion Paper Series 18-003』、http://www.glocom.ac.jp/discussionpaper/dp11
- 城所岩生（2018-2）『音楽はどこへ消えたか？2019改正著作権法で見えたJASRACと音楽教室問題』（みらいパブリッシング）。

- 絹川真哉（2018）「著作権法におけるルール対スタンダード：フェアユースの法と経済学」、『Journal of global media studies』22号。
- 潮海久雄（2017）「大量デジタル情報の利活用におけるフェアユース規定の役割の拡大」、中山信弘・金子敏哉編『しなやかな著作権制度に向けて：コンテンツと著作権法の役割』（信山社）。
- 島並良（2017）「著作権法におけるルールとスタンダード・再論」、中山信弘・金子敏哉編『しなやかな著作権制度に向けて：コンテンツと著作権法の役割』（信山社）。
- 田中辰雄（2017）「フェアユースの是非」、中山信弘・金子敏哉編『しなやかな著作権制度に向けて：コンテンツと著作権法の役割』（信山社）。
- フェアユース研究会（委員長：泉克幸、委員：上野達弘、椙山敬士ほか）（2010）『著作権・フェアユースの最新動向―法改正への提言』（第一法規）。
- 村井麻衣子（2014-2018）「フェアユースにおける市場の失敗理論と変容的利用の理論―日本著作権法の制限規定に対する示唆（1）‐（7）」、『知的財産法政策学研究』45号-51号（連載中）。
- 山本隆司・奥邨弘司（2010）『フェアユースの考え方』（太田出版）。

著者一覧（執筆順）

阿達 雅志（あだち まさし、参議院議員）

　1983年東京大学法学部卒業。ニューヨーク大学ロースクール修士（MCJ、LLM）。同大 Journal of International Law and Politics 編集委員。住友商事勤務（東京、ニューヨーク、北京）、衆議院議員秘書を経て、米国系法律事務所勤務。日本大学法科大学院非常勤講師、東京大学大学院情報学環特任研究員を歴任。2014年12月、参議院議員（全国比例区）に繰り上げ当選。

　主な著作として、『世界パラダイム・シフト』（PHP研究所、2013年）、『政治家になった父から18歳の息子　わが家の主権者教育』（PHPエディターズ・グループ、2015年）などがある。

三宅 伸吾（みやけ しんご、参議院議員）

　1986年早稲田大学政治経済学部政治学科卒業、日本経済新聞社入社。1989〜90年米コロンビア大学、1995年東京大学大学院法学政治学研究科修了。企業、官庁、政治取材、編集委員を歴任した後、2012年退社。2013年参議院議員当選（香川県選挙区）。

　主な著作として、『知財戦争』（新潮新書、2004年）、『乗っ取り屋と用心棒』（日本経済新聞出版社、2005年）、『市場と法　いま何が起きているのか』（日経BP社、2007年）、『Googleの脳みそ—変革者たちの思考回路』（日本経済新聞社、2011年）などがある。

中山 信弘（なかやま のぶひろ）

　東京大学法学部教授、明治大学特任教授を経て、現在は弁護士・東京大学名誉教授。知的財産戦略本部本部員（内閣官房）、産業構造審議会知的財産政策部会長（経済産業省）、文化審議会委員（文化庁）、関税・外国為替等審議会会長（財務省）、国会図書館納本審議会委員会長等を歴任。

　主な著作として、『ソフトウェアの法的保護（改訂版）』（有斐閣，1988年）、『マルチメディアと著作権』（岩波新書、1996年），『新注解特許法第2版』（編集、青林書院，2011年）、『著作権法（第2版）』（有斐閣、2014年）、『特許法（第3版）』（弘文堂、2016年）などがある。

上野 達弘（うえの たつひろ、早稲田大学法学学術院教授）

　1994年京都大学法学部卒業、1999年同大学院法学研究科博士後期課程単位取得退学。成城大学専任講師、立教大学教授を経て、2013年より現職。著作権法学会理事、日本工業所有権法学会常務理事等、文化審議会著作権分科会・法制・基本問題小委員会委員等、知的財産戦略本部・インターネット上の海賊版対策に関する検討会議委員等を歴任。

　主な著作として、『著作権法入門〔第2版〕』（有斐閣、共著、2016年）、『特許法入門』（有斐閣、共著、2014年）などがある。

島並 良（しまなみ りょう、神戸大学大学院科学技術イノベーション研究科・法学研究科教授）

1994年東京大学法学部卒業、1996年同大学院法学政治学研究科修士課程修了、東京大学助手等を経て、2007年より現職。日本工業所有権法学会理事、著作権法学会理事。

　主な著作として"The Future of the Patent System"（Edward Elgar、2012年）、『著作権法入門〔第2版〕』（有斐閣、共著、2016年）などがある。また、本シンポジウムに関連する論文として、「権利制限の立法形式」（2008年）、「著作権法におけるルールとスタンダード・再論－フェアユース規定の導入に向けて」（2017年）がある。

椙山 敬士（すぎやま けいじ、虎ノ門南法律事務所パートナー弁護士）

　1976年東京大学法学部卒業、同年司法試験合格。中央大学法科大学院客員教授、著作権法学会理事、（一財）ソフトウェア情報センター評議員。

　主な著作として、『日本-アメリカ　コンピュータ著作権法』（日本評論社、デニス・カージャラ教授と共著、1989年、第6回日本テレコム賞受賞）、『ソフトウエアの著作権・特許権』（日本評論社、1999年）、『著作権論』（日本評論社、2009年）、『著作権・フェアユースの最新動向』（第一法規、共著、2010年）などがある。

潮海 久雄（しおみ ひさお、筑波大学大学院ビジネス科学研究科教授）

　1998年東京大学大学院法学政治学研究科博士課程修了。博士（法学、東京大学）。香川大学法学部助教授等を経て2008年より現職。2011年～12年マックスプランク客員研究員。

　主な著作として、「私的複製の現代的意義」『著作権研究』40号（2013年）、『ストゥディア知的財産法Ⅱ　著作権法』（共著、有斐閣、2016年）、中山信弘・金子敏哉編『コンテンツと著作権法の役割―しなやかな著作権制度に向けて―』第4章「大量デジタル情報の利活用におけるフェアユース規定の役割の拡大」（信山社、2017年）などがある。

谷川 和幸（たにかわ かずゆき、福岡大学法学部准教授）

　2010年京都大学大学院法学研究科法曹養成専攻（法科大学院）修了。同年新司法試験合格。京都大学講師等を経て2018年より現職。専門領域は情報通信技術に関わる著作権制度。近時の研究テーマは、リーチサイト規制、デジタル消尽、コンテンツ・オーナーシップ、著作権法における利用者の権利の位置づけなど。

石新 智規（いしあら ともき、西川シドリーオースティン法律事務所・外国法共同事業、弁護士）

　1996年早稲田大学法学部卒業、1999年早稲田大学院法学研究科修士課程修了。2008年カリフォルニア大学バークレー校 ロースクール LL.M.修了。2009年同校客員研究員。

　主な著作として、『フェアユースを理解する』（共訳、2014年）、『次世代の偉大な著作権法』（共訳、2014年）、『フェアユース再考』（2016年）などがある。

編著者紹介

城所 岩生 （きどころ いわお）

　国際大学GLOCOM客員教授、米国弁護士（ニューヨーク州、首都ワシントン）。東京大学法学部卒業、ニューヨーク大学修士（経営学・法学）。NTTアメリカ上席副社長、成蹊大学法学部教授、サンタクララ大学客員研究員などを歴任。情報通信法に精通した国際IT弁護士として活躍。

　主な著作として、『米国通信改革法解説』（木鐸社、2003年）、『著作権法がソーシャルメディアを殺す』（PHP新書、2013年）、『フェアユースは経済を救う』（インプレスR&D、2016年）、『JASRACと著作権、これでいいのか』（ポエムピース、2018年）、『音楽はどこへ消えた、2019法改正で見えたJASRACと音楽教室問題』（みらいパブリッシング、2018年）などがある。

本書は著者が著作権を保有しています。
本書で引用した箇所を除き、著者はクリエイティブ・コモンズ・ライセンス【表示・非営利・改変禁止4.0国際】（CC BY-NC-ND 4.0）で利用を許諾しています。
https://creativecommons.org/licenses/by-nc-nd/4.0/deed.ja

◎本書スタッフ
アートディレクター/装丁： 岡田 章志＋GY
デジタル編集： 栗原 翔

●お断り
掲載したURLは2019年3月5日現在のものです。サイトの都合で変更されることがあります。また、電子版ではURLにハイパーリンクを設定していますが、端末やビューアー、リンク先のファイルタイプによっては表示されないことがあります。あらかじめご了承ください。
●本書の内容についてのお問い合わせ先
株式会社インプレスR&D　メール窓口
np-info@impress.co.jp
件名に『本書名』問い合わせ係」と明記してお送りください。
電話やFAX、郵便でのご質問にはお答えできません。返信までには、しばらくお時間をいただく場合があります。
なお、本書の範囲を超えるご質問にはお答えしかねますので、あらかじめご了承ください。
また、本書の内容についてはNextPublishingオフィシャルWebサイトにて情報を公開しております。
https://nextpublishing.jp/

●落丁・乱丁本はお手数ですが、インプレスカスタマーセンターまでお送りください。送料弊社負担にてお取り替えさせていただきます。但し、古書店で購入されたものについてはお取り替えできません。
■読者の窓口
インプレスカスタマーセンター
〒101-0051
東京都千代田区神田神保町一丁目105番地
TEL 03-6837-5016／FAX 03-6837-5023
info@impress.co.jp
■書店／販売店のご注文窓口
株式会社インプレス受注センター
TEL 048-449-8040／FAX 048-449-8041

これでいいのか！2018年著作権法改正

2019年3月29日　初版発行Ver.1.0（PDF版）

編　者	城所 岩生
著　者	中山 信弘ほか
編集人	菊地 聡
発行人	井芹 昌信
発　行	株式会社インプレスR&D
	〒101-0051
	東京都千代田区神田神保町一丁目105番地
	https://nextpublishing.jp/
発　売	株式会社インプレス
	〒101-0051　東京都千代田区神田神保町一丁目105番地

●本書は著作権法上の保護を受けています。本書の一部あるいは全部について株式会社インプレスR&Dから文書による許諾を得ずに、いかなる方法においても無断で複写、複製することは禁じられています。

ISBN978-4-8443-9697-0

NextPublishing®

●本書はNextPublishingメソッドによって発行されています。
NextPublishingメソッドは株式会社インプレスR&Dが開発した、電子書籍と印刷書籍を同時発行できるデジタルファースト型の新出版方式です。https://nextpublishing.jp/